10년간 기도로 완성된 국내 최초의 노방 전도희곡

노방 사랑하는 날

연극전도마당

최승환 지음

♥왕사랑

 차례

이 책을 읽는 분에게

등장인물

시간, 장소, 무대

프롤로그

제1막

제2막

에필로그

저자의 베스트 전도책 소개

이 책을 읽는 분에게

무엇보다 먼저 이 책을 쓸 수 있게 하시고 출판할 수 있기까지 도와주신 하나님께 감사와 찬송과 영광을 돌립니다.

<노방 사랑하는 날>이란 이 희곡은 2003년 어느 날 주님의 크신 은혜로 불현 듯 총알처럼 날아와 내 뇌리에 꽂히며 시작되었고, 출판까지 10여 년이란 긴 시간이 소요된 작품입니다.

나는 영화 시나리오 및 KBS방송작가로 활동하다가 1983년에 예수님을 구주로 영접하게 되었습니다. 그 무렵 하나님의 은혜로 쓰게 된 동화 <5학년3반 청개구리들>을 현암사에서 출판하게 되었는데 하나님의 크신 은혜로 이 나라 어린이들의 대환영을 받으면서 순식간에 베스트셀러작가로 등극하게 되었고, 몇 년 후 (1990년) <5학년 3반 청개구리들>이 KBS방송에 8개월 동안 인기리에 일일 방송되면서 일약 유명해지게 되었습니다.

그 후 나는 예수님의 은혜가 너무 감사해서 주

님의 신실한 도구가 되어 서울양문교회에서 전도로, 주일학교교사로, 남자구역장으로 십 수 년 간 열심히 봉사했습니다. 그 기간에 주님의 극진한 도우심으로 전도가 잘 되었고 봉사하는 곳마다 뜨겁게 부흥되었습니다. 그러다가, 모두 주님의 치밀한 계획이었겠지만 우연히 CBS(새롭게 하소서) 방송에 나가서 전도간증을 하게 되었습니다.

그 뒤, 그 방송을 듣고 감동을 받는 목사님들의 초청을 받아 전국 교회에 다니며 전도간증, 남자구역장간증, 주일학교교사간증 및 행복한 전도(간증)세미나(부흥회)를 1500여회 인도하게 되었습니다. 생생한 간증을 듣고 감동한 성도들의 뜨거운 박수를 받으며 주님의 신실한 도구로 열심히 쓰임을 받았습니다.

그러던 중 2003년 어느 날, 길면 6개월, 짧으면 3, 4개월 만에 이루어지는 불신자초청잔치를 바라보면서 문득 <전도하라는 주님의 명령을 구심점으로 해서 교회가 일 년 내내 하나로 뭉쳐져서 준비하다가 불신자초청잔치 때 대성황을 이룰 수 있는

무슨 좋은 방법이 없을까?>를 생각하다가 불현 듯 전도연극을 떠올리게 되었습니다.

그러나 전도희곡이 얼른 구상되지는 않았습니다. 그랬는데 어느 날, 거리를 지나가다가 길거리에서 노방전도하고 있는 성도들을 보게 되었습니다. 그 순간 문득 핍박을 받으며, 욕을 바가지로 얻어먹으면서 노방전도 했던 일들이 마치 주마등처럼 내 뇌리를 스쳐 지나갔습니다.

(그래, 바로 그거야!)

그 날부터 나는 노방전도하면서 받았던 핍박과 수모를 되새김질하면서 <노방 사랑하는 날>을 틈틈이 쓰기 시작했습니다. 그러면서 주님께 마땅한 전도희곡을 쓸 수 있게 해달라고 간절히 기도했습니다.

그런 어느 날, 주님께서, <연극연습을 하면서 전도가 살아나고, 믿음이 살아나고, 열정이 살아나서 은혜와 복도 한 아름씩 받고, 불신자는 구원을 받는 그런 희곡을 써 보거라> 하는 응답이 왔습니다.

실로 쓰기 어려운 응답이었습니다. 그래서 썼다가는 찢고 썼다가는 찢는 일을 반복하면서 <노방 사랑하는 날>을 쓰고 또 썼습니다. 그러다가 2013년 11월 말경에야 마침내 탈고를 하게 되었습니다.

주님의 의도대로 쓰려고 최선을 다해서 썼습니다. 온 교회 교인들이 <노방 사랑하는 날>에 참여해서 농사짓듯 일 년 내내 연습하면서 전도가 살아나고, 믿음이 살아나고, 열정이 살아나서 은혜와 복도 한 아름씩 받은 다음에 불신자들을 초청해놓고 <노방 사랑하는 날> 전도연극을 하는 겁니다. 그럴 때에 온 교인에게 일체감과 성취감이 기쁨과 감사를 촉발하여 믿는 자 개개인은 행복해지고 교회는 뜨겁게 부흥되는, 그런 주님의 의도대로 희곡을 쓰려고 총력을 기우려 썼습니다.

하지만 주님의 그른 의도에 얼마나 가깝게 썼는지는 모르겠습니다. 어쨌든 나로썬 최선을 다해서 썼습니다. 많이 부족할지라도 예쁘게 봐주시고, 교회마다 이 희곡으로 전도연극을 하면서 모쪼록 이

나라 모든 교회가 부흥되는 놀라운 성과가 나타났으면 하는 간절한 바람으로 기도하며, 하나님의 크신 은혜로 되었기에 다시 한번 하나님께 감사와 찬송과 영광을 돌립니다.

등장인물

권은혜 권사
김재훈 집사
뚱뚱보
반백
꼬부랑
노총각
매눈
박집사
보름달
구두쇠
얌전이
경상도
최승환

회장
미친여자
미소엄마
주걱턱
왕보살
강장로
왕눈이
표범
알콜
노신사
탤런트
한명길집사
행인
1,2,3,4,5,6,7,8,9,10,11,12,13,14,15,16,17,18,
19,20,21,22,23,24,25,26,27,28,29

시간

제1막 가을(낮)
제2막 봄 (낮)

장소

길거리

무대

동네 가운데로 난 사거리
차가 다닐 수 있는 사거리다.
부동산, 미장원이 있는 앞길에 탁자가 하나 놓여
있고 탁자위에 온수통, 전도지, 커피, 율무차가 든
봉지가 놓여있다.

프롤로그

막이 오르면
부동산 앞으로 난 길에 탁자가 하나 놓여있고, 탁자 위에는 온수통 하나와 커피, 종이컵, 전도지, 율무차 등이 놓여있다.
그 온수통 뒤쪽에 권은혜 권사와 김재훈 집사가 나란히 서 있다. 두 사람 모두 <예수님은 당신을 사랑하고 있습니다>라는 띠를 어깨에서 아래로 두르고 있다

> 이윽고 꼬부랑 할머니가 지팡이를 짚고 체머리를 흔들며 등장한다.

김재훈 예수 믿으세요. 예수님은 할머니를 많이, 많이 사랑하고 계십니다.

꼬부랑 (멈춰 서서) 시방 뭐라 했어?

김재훈 예, 예수님이 할머니를 많이 사랑하고 계신다고 했습니다.

꼬부랑 예수님이 사탕을 좋아한다고?

김재훈 그게 아니고요. 예수님이 할머니를 많이 사랑하고 계신다고 했습니다.

꼬부랑 예수님이 소를 사랑한다고? 아이고 망측해라. 예수님이 미쳤나 벼. 소를 왜 사랑하나?

김재훈 (무시하고) 할머니 에, 자, 왕, 축이 뭔지 아세요?

꼬부랑 뭐라고? 애기가 왕똥을 쌌다고?

김재훈 할머니, 옛날 옛날에 여호와 하나님이 천지와 만물을 만들었어요. 그러면서 흙으로 아담과 하와라는 사람도 만들었어요.

꼬부랑 뭐라고? 아구탕이 맛이 없다고?

김재훈 하나님은 사람을 무척 사랑하셨어요. 그래서 에덴동산을 만드시고 아담과 하와를 거기서 살도록 했어요. 거기는 늙지도 않고 일하지 않아도 되고 병도 없고 해충도 없고 사자나 호랑이 같은 맹수하고도 친구로 지내면서 영원히 행복하게 살 수 있는 낙원이었어요. 에덴동산은 바로 천국 같은 곳이었어요.

꼬부랑 청국장이 맛이 변했다고? 그러면 버려야지, 그거 먹으면 배탈 나.

무대 암전한다.

제1막

막이 오르면
부동산 앞으로 난 길에 탁자가 하나 놓여있고, 탁자 위에는 온수통 하나와 커피, 종이컵, 전도지, 율무차 등이 놓여있다.
그 온수통 뒤쪽에 권은혜 권사와 김재훈 집사가 나란히 서 있다. 두 사람 모두 <예수님은 당신을 사랑하고 있습니다>라는 띠를 어깨에서 아래로 두

르고 있다.

가을이라 바람이 불자 낙엽이 몇 잎 흩날린다.

김재훈 (손에 전도지를 들고, 하늘을 바라보고 권은혜를 보며) 권사님, 오늘은 정말 봄 같은 가을이네요. 하늘은 파랗게 맑고 날씨는 따뜻하고 진짜 봄 같아요.

권은혜 (하늘을 한번 보고) 정말 그러네요. 전도하기에는 정말 딱 좋은 날이에요.

김재훈 (한 곳을 보고) 권사님, 저기 한 분이 옵니다.

권은혜 (바라보며) 정말 오네요.

두 사람이 의논이나 한 듯 몸을 가다듬고 외친다.

두 사람 예수 믿으세요. 예수 믿으세요. 예수님은 당신을 많이 사랑하고 있습니다.

행인 두 명이 등장한다.
김재훈이 전도지를 준다.
한 명은 얼른 외면하며 전도지를 안 받고 지나가서 퇴장한다.
한명은 전도지를 받아서는 보란 듯이
획 집어던지고 퇴장한다.
행인1(남자)이 등장한다.
권은혜, 관심을 가지고 바라본다.

권은혜 (상냥하게) 커피 한 잔 드시고 가세요.
행인1 (냉정하게) 나 커피 끊은 지 십 년 됐소.

행인1이 퇴장한다.
행인2(여자)가 등장한다.

김재훈 (상냥하게) 커피 한잔 드시고 가세요.
행인2 (싸늘하게) 난 커피 먹으면 밤에 잠이 안 와요.
권은혜 그럼 율무차 드세요.

행인2　(인상 쓰며) 됐어요. 됐다고요!

　　　행인2가 인상을 팍 쓰고 퇴장한다.
　　　행인3(남자)이 등장한다.

권은혜　예수 믿으세요.
행인3　예수 당신이나 잘 믿으세요. 난 예수는 생각만 해도 토가 나와 으윽...

　　　행인3 억지로 구토하며 퇴장한다.
　　　행인4(여자)가 등장한다.

김재훈　(상냥하게) 예수 믿으세요.
행인4　(딱 멈추고 바라보며) 왜 예수를 믿어라는 거야?
김재훈　예, 예수님을 믿게 되면요. 지금까지 지은 모든 죄를 용서받게 되고요.
행인4　난 죄 지은 일이 없는데 어떡허나?
김재훈　예수님을 믿게 되면 이 세상에서 행복하게

　　　　잘 살다가 죽어서는 천국에 가서 영원히 행복하게 살 수 있습니다.
행인4　귀신이 콩 까먹는 소리하고 자빠졌네. 염병이 지랄하는 소리 고만하고 할 일 없으면 집에 가서 빈대떡이나 구워먹어!

　　　　행인4, 쾌재를 부르며 퇴장한다.
　　　　김재훈, 한방 맞은 표정으로 바라보고 있다.
　　　　뚱뚱보, 중년여자가 등장한다.

김재훈　(상냥하게) 예수 믿으세요. 예수님은 당신을 많이 사랑하고 있습니다.
뚱뚱보　(딱 멈추고 바라보며) 시방 뭐라 한 기여? 예수님이 나를 많이 사랑하고 있다고 한기여?
김재훈　예, 그렇습니다 예수님은 당신을 많이 사랑하고 계십니다.
뚱뚱보　예수님이 누군디, 워떤 녀석인지, 값비싼 나를 사랑한다는 기여? 예수님이 너여?

네가 바로 예수님인기여?

김재훈 (당황하여) 아, 아닙니다. 저는 김 집삽니다.

뚱뚱보 니가 김 잡사여?

김재훈 잡사가 아니고 집사입니다.

뚱뚱보 됐고! 도대체 예수님은 어디 있는 겨? 시방 그놈의 예수님 상판 떼기 한번 볼수 있는 겨?

김재훈 저 그게... 예수님은 귀하신 하나님 아들입니다.

뚱뚱보 (눈을 크게 뜨고) 뭐여? 하나님 아들? 그런께 저기 저 하늘에 있는 하느님 아들이다, 이런 말이여?

김재훈 예, 그렇습니다.

뚱뚱보 호호호...

김재훈 왜 웃으세요?

뚱뚱보 이 보랑께 김 잡사!

김재훈 잡사가 아니고 집사입니다.

뚱뚱보 날 봐! 니 눈깔로 내 상판 떼기를 한번 잘 봐봐! 이 상판 떼기로 하나님 며느리가 될

수 있게 보이는 기여? 그런 기여?

김재훈 (난감해하며) 그런 것이 아니고요. 실은...

뚱뚱보 잡사님 많이 당황하셨어요? 생각 좀 혀봐? 나 같은 호박이 하나님 며느리가 된다는 것은 쪼까 문제성이 있는 것 아니여? 방 봐가며 똥 싸라는 속담도 있는디, 김 잡사, 시방 나 비행기 태우고 있는 것 아니여?

김재훈 그게 그런 것이 아니고요. 예수님은...

뚱뚱보 이 보랑께 김 잡사, 나가 예쁘기는 쪼까 예쁘지잉? 철이 쪼까 지나기는 했어도 장미는 장미니께, 김 잡사, 니 눈깔로는 나가 하나님 며느리가 되겠다 싶어 보이는 것이여?

김재훈 저어, 예수님은요...

뚱뚱보 나가 쪼까 시들어버리기는 했어도 오십대 초반 황금과부여, 황금과부! 그래서 나 좋아하는 홀아비 쪼까 많아. 내 엉덩이 좀 봐잉? 토실토실 낯 토실, 20대가 무색하게 탱탱하잖어. 그려서 요놈의 엉덩이 졸졸 따라다니는 홀아비가 한 트럭도 더 되는디, 그려서 나가 쪼까 비싸. 거금 1억 안 받고는 재혼 안 혀. 워쩌? 예수님인가 계수님인가 그 양반 나한티 얼마 줄 수 있는 겨?

김재훈 뭔가 많이 오해를 하고 계신 것 같은데요.

뚱뚱보 워메! 나가 오해를 해번졌다구야? 이보랑께 김 잡사, 참말로 많이 당황하셨나비여? 김 잡사, 꼴상을 딱 보니께 예수님인지 계수님인지 그 양반 딱 불알 두 쪽밖에 없는 모양인 것 같은디, 내 말이 맞지?

김재훈 사실은 그게...

뚱뚱보 사실 오실 그딴 말로 어물쩍 나 꼬실 생각은 하들 말어. 나가 시방 부동산 홀아비 만나러 가는 길이여. 그 홀아비 나헌티 1억 준다 혔어. 일억! 이 담에 예수님인지 계수님인지 그 양반 상판 떼기 한번 보자 혀. 1억이 비싸면 5천으로 깎아줄 수 는

있어. 나가 이래도 사랑하는 사람이 쪼까
많아서 신나는 여자여, 호호호...

뚱뚱보, 깔깔대며 퇴장한다.

김재훈 (기막혀 바라보며) 나 원 세상에 뭐 저런...
권은혜 (바라보며 빈정된다) 오늘 부동산 홀아비 살 판 나뿌렸네!
김재훈 (쿡 웃는다)...

행인 두어 명이 등장하여 그들을 외면하고 바삐 퇴장한다.
행인5(남자)가 등장한다.
권은혜, 반갑게 맞이한다.

권은혜 예수 믿으세요.
행인5 예수를 믿느니 내 손바닥을 믿겠다!
권은혜 왜 손바닥을 믿어요?
행인5 손바닥이 있어야 미운 새끼들 요렇게도 때리고 조렇게 때릴 수 있잖아. 하하하...

행인5, 골려먹어서 기분 좋다는 듯 깔깔 웃으며 퇴장한다.
행인6(여자)이 등장한다.
김재훈, 사냥하게 맞이한다.

김재훈 커피 한 잔 드시고 가세요.
행인6 커피 마시고 피똥 싸라 이거여?
김재훈 커피를 마시는데 왜 피똥을 싸요?
행인6 몰랐는가? 커피가 피똥이여.
김재훈 커피가 피똥이라니요?
행인6 모르겠는가? 모르겠으면 집에 가서 엄마한테 물어봐. 호호호...

행인6, 재밌다는 듯 웃으며 퇴장한다.
반백의 늙은 여자가 등장한다.

권은혜 (상냥하게) 커피 한 잔 드시고 가세요.

반백   (바라본다) 공짜요?
권은혜   예, 공짜에요.
반백   공짜라면 먹고 가야지. 공짜라면 양잿물도 먹는다는데, 안 그래요?
권은혜   그럼요. 당근 먹고 가셔야죠. 여기 있습니다.

권은혜, 커피컵을 내민다.
반백, 받는다.

반백   (한 모금 마신 뒤) 근데 왜 커피를 공짜로 주세요. 요즘 커피 값도 비싼데?
권은혜   예수님을 믿으세요?
반백   안 믿는데요. 왜 그래요? 예수 믿어라고 커피 공짜로 준 거예요?
권은혜   꼭 그런 건 아니네요. 부담 갖지 말고 드세요.
반백   완전 부담되는데
권은혜   농담도 잘하시네요.

반백 완전 농담 아닌데
권은혜 뭔가 하실 말씀이 있으신 것 같은데? 아닌가요?
반백 아따, 눈치 한번 백단이네요. 완전 빨라! 실은 내가 큰 고민이 하나 있어요. 저어... 예수님을 믿게 되면 고민도 해결해줘요?
권은혜 당근이죠. 무슨 고민이 있는데요?
반백 별 것은 아니고, 우리 집 큰 딸이 범띠에요.
권은혜 그게 무슨 고민이세요?
반백 범띠라 결혼을 못하니 고민이죠.
권은혜 범띤데 왜 결혼을 못해요?
반백 범띠를 개띠나 쥐띠와 혼인을 시키면 범이 그걸 확 잡아먹어버린대요.
권은혜 예엣?
반백 과부될 처녀한테 아들을 줄 부모가 세상에 어딨겠어요. 나라도 안 주지! 암, 그래서 결혼도 못하고 처녀로 늙어, 늙어 가는 딸을 바라만 보고 있자니 가슴이 찢어질 듯

아파요.

권은혜 그건 미신 아니에요?

반백 혹시 어디 범띠 총각하나 구할 수 없을까요? 범띠는 범띠하고 맞추면 잘 산대요. 범띠 총각 하나 구해주세요. 그러면 제가 근사한 양장에다가 웃돈까지 듬뿍 올려서 드릴게요.

권은혜 아주머니, 그러지 마시고 예수님을 구세주로 믿으세요.

반백 예수를 믿으면 범띠가 개띠 되나요?

권은혜 범띠가 개띠는 안 되는데요. 예수님을 구주로 믿는 사람들은 범띠니 개띠니, 사주팔자니, 이런 미신은 안 믿어요.

반백 (눈을 크게 뜨고) 진짜에요?

권은혜 진짜죠. 제가 왜 거짓말을 해요. 예수 믿는 사람들은 결혼할 남녀가 서로 좋아하고 만나면 하나님께 기도해보고 결혼 시켜요. 범띠 개띠 쥐띠 이런 것 안 따져요.

반백 진짜에요?

권은혜 진짜 진짜에요. 그러니까 따님을 결혼시키고 싶으시면 요번 주일에 따님 데리고 우리 교회에 오세요. 그러면 제가 따님을 우리 교회 청년부에 넣어 줄게요. 우리 교회 청년부에는 멋쟁이 총각들이 득실득실해요. 진짜 진짜에요.

반백 (놀랐다는 듯) 어머, 어머, 그런 데가 있었네요. 등잔 밑이 어둡다더니, 내가 그걸 몰랐네요. 교회가 어디에 있어요?

권은혜 저기로 올라가면 사거리가 나오잖아요. 그 사거리쯤에 보면 <하늘아래교회>가 있어요. 거기가 우리 교회에요.

반백 알았어요. 요번 일요일에 우리 딸 데리고 꼭 갈게요.

권은혜 그러세요. 그리고 교회에 와서 권은혜 권사를 만나러 왔다고 해주세요. 10시 30분까지는 오셔야 되요.

반백 알았어요. 알았어요. 아따 커피 맛 한번 기똥차네, 수고하세요.

권은혜　(전도지를 주며) 주일에 꼭 뵈요.
반백　(전도지를 받으며) 예예...

　　　　반백 기분 좋은 모습으로 퇴장한다.
　　　　권은혜, 눈을 감고 속으로 감사기도를 한다.

김재훈　(권은혜에게 다가가며) 권사님, 오늘 한 영혼 구원하셨네요. 축하합니다.
권은혜　모두 하나님 은혜예요. 집사님도 저분이 주일에 꼭 교회에 올 수 있도록 기도 좀 세게 해주세요.
김재훈　(기분 좋게) 공짜로는 곤란한대요.
권은혜　하나님께 사례비를 받으면 한턱 단단히 쏠게요.
김재훈　그렇다면 곱빼기로 기도해 드리죠.
권은혜　김 집사를 누가 말려!

　　　　행인7(남자)이 등장한다.
　　　　김재훈, 얼른 태도를 바꾸어 맞이한다.

김재훈 예수 믿으세요.
행인7 예수 믿으면 떡이라도 주나?
김재훈 커피나 율무차 드려요. 드실래요?
행인7 미안하네, 우리 집은 대대로 커피나 율무차는 담을 쌓고 살았네.
김재훈 왜 그랬을까요?
행인7 나야 모르지. 예수 믿지 말라고 그랬을 것 아닐까 흠.

행인7 빙그레 웃으며 퇴장한다.
행인8(여자)이 등장한다.

김재훈 커피 한 잔 드시고 가세요.
행인8 난 커피 끊은지 오래 됐어요.
김재훈 그럼 율무차 드시고 가세요.
행인8 율무차는 우리 조상대대로 싫어하는 차야.
김재훈 예수님을 구세주로 믿어보세요.
행인8 예수를 믿느니 수박을 믿겠다.
김재훈 수박을 왜 믿어요?

행인8 수박은 달고 맛있잖아.

> 행인8 퇴장한다.
> 김재훈, 닭 쫓던 개 지붕 쳐다보는 꼴로 바라본다.
> 이때 꼬부랑 할머니가 지팡이를 짚고 체머리를 흔들며 등장한다.

김재훈 예수 믿으세요. 예수님은 할머니를 많이, 많이 사랑하고 계십니다.
꼬부랑 (멈춰 서서) 시방 뭐라 했어?
김재훈 예, 예수님이 할머니를 많이 사랑하고 계신다고 했습니다.
꼬부랑 예수님이 사탕을 좋아한다고?
김재훈 그게 아니고요. 예수님이 할머니를 많이 사랑하고 계신다고 했습니다.
꼬부랑 예수님이 소를 사랑한다고? 아이고 망측해라. 예수님이 미쳤나벼. 소를 왜 사랑하나? 소하고 잠은 어떻게 자누?

김재훈 (무시하고) 할머니 에, 자, 왕, 축이 뭔지 아세요?

꼬부랑 뭐라고? 애기가 왕똥을 쌌다고?

김재훈 할머니, 옛날 옛날에 여호와 하나님이 천지와 만물을 만들었어요. 그러면서 하나님이 흙을 곱게 빚어 아담이라는 남자를 만들고 남자의 갈비뼈 하나를 뽑아서 하와라는 여자도 만들었어요.

꼬부랑 뭐라고? 아구탕이 맛이 없다고?

김재훈 하나님은 사람을 무척 사랑하셨어요. 그래서 에덴동산을 만드시고 아담과 하와를 거기서 살도록 했어요. 거기는 늙지도 않고 일하지 않아도 되고 병도 없고 해충도 없고 사자나 호랑이 같은 맹수하고도 친구로 지내면서 영원히 행복하게 살 수 있는 낙원이었어요. 에덴동산은 바로 천국 같은 곳이었어요.

꼬부랑 청국장이 맛이 변했다고? 그러면 버려야지, 그거 먹으면 배탈 나.

김재훈 하나님은 아담과 하와에게 에덴동산에 있는 모든 것을 다 네 맘대로 가지되 선악을 알게 하는 나무의 열매는 따먹지 말라 했어요. 그것을 따 먹는 날에는 너희가 정녕 죽으리라고 아주 엄하게 경고했어요.

꼬부랑 청국장을 따먹으면 냄새가 난다고? 그건 또 무슨 무당개구리가 딸기 먹는 소리여?

김재훈 (무시하고) 아담과 하와는 하나님의 보호 속에 에덴동산에서 정말 행복하게 잘살았어요. 그런데 남이 잘되는 꼴을 못 보는 간교한 뱀이 그것을 보고는 샘통이 난 거예요. 그래서 하와한테 가서

- 하나님이 뭐라고 하더냐? -

하고 물어요. 그러자 하와가

- 하나님이 선악과만은 따먹지 마라더라. 그것을 따먹는 날에는 너희가 정녕 죽으리라 그러더라 -

그러니까 뱀이

- 그건 새빨간 거짓말이다. 너희가 그것을

먹어도 결코 죽지 아니하리라. 너희가 그
것을 먹는 날에는 너희 눈이 밝아져서 하
나님과 같아진다. 그렇게 꼬득여요.

꼬부랑 뭐라고? 꽃뱀 대가리에 개나리꽃이 피었
다고? 고딴 거짓말 하지 말어. 난 안속아.

김재훈 하와는 뱀의 유혹에 넘어가서 그만 선악과
를 따먹고 남편한테도 줘서 먹어라고 합니
다.

꼬부랑 홀아비가 과부를 따먹었다고?

김재훈 하나님이 이 사실을 알고는 노발대발하여
아담과 하와를 에덴동산 밖으로 쫓아냅니
다. 그러면서 남자한테는 평생 땀 흘려 수
고해서 처자식을 먹여 살리라고 저주를 해
버리고, 여자한테는 아이를 낳은 고통을
받으라고 저주를 해버려요. 그리고 너희들
은 흙으로 만들었으니 죽어서 흙으로 돌아
가라는 저주까지 해버려요. 그래서 사람은
이 세상에 태어나서 늙고 병들어 죽는 고
통까지 받게 됐어요.

꼬부랑 시방 뭐라고 씨부렁거리는 거여? 흙에서 아이가 나왔다고? 아이 안 죽었나?

김재훈 그 후 사람들은 하나님을 배반한 조상의 원죄 때문에 추위가 있고 더위가 있고 병이 있고 해충이 우글거리는 이 지옥 같은 세상에 태어나서 평생 땀흘려 고생하며 살다가 늙어서 병들어 죽는 비참한 신세가 됐어요.

꼬부랑 병들어도 산다고? 병들면 못살아 우리 집 할아방탕 암으로 죽었어.

김재훈 하나님은 그런 우리 사람들을 불쌍하게 생각하시다가 자기 하나뿐인 아들인 예수님을 이 땅에 보내시고 십자가에 못 박혀 피를 흘리며 죽게 만들었어요. 그 피로 사람들의 죄를 씻어 주기 위해서였어요.

꼬부깅 피똥 싸먼 죽어. 개똥이 애비도 피똥싸다 죽었어.

김재훈 하나님의 그 크신 은혜로 우리가 예수님을 구세주로 믿고 죄를 회개하면 우리 죄가 없어지고 하나님의 아들과 딸이 됩니다. 왕자와 공주가 된다고요. 그런 뒤에 이 땅에서 하나님의 보호 속에 축복받아 행복하게 잘 살다가 죽어서는 에덴동산 같은 천국에 가서 영원히 행복하게 사는 겁니다. 에덴동산 에, 십자가 자, 왕자와 공주 왕, 축복을 받아 사는 축, 에, 자, 왕, 축이 뭔지 이제 이해가 되세요?

꼬부랑 뭐라고? 애기가 왕똥을 쌌다고? 아이고 쿠려! 쿠려! 난 간다.

꼬부랑 할머니가 코를 쥐고 퇴장한다.
김재훈, 묵묵히 바라보고 있다.

권은혜 (다가서며) 김 집사님, 듣지도 못하는 할머니한테 왜 맨날 그렇게 목청이 터져라 큰소리로 말해주세요. 한두 번도 아니고 벌써 열 번도 더 되는 것 같아요.

김재훈 뭔가 듣고 싶어 하는 할머니가 불쌍하잖아요. 제가 계속 말하면 언젠가는 예수님이 그 할머니의 귀를 들을 수 있도록 확 열어 주실 같은 믿음으로 그러는 거예요.

권은혜 다음에 오실 땐 제발 그러지 마세요. 그러다가 집사님 성대만 다쳐요.

김재훈 (고집스레) 다음에 오셔도 오늘과 똑같이 큰 소리로 말해 줄 겁니다.

권은혜 김 집사는 못살려!

김재훈 말리지 마세요!

권은혜 난 말릴 거예요!

두 사람, 마주보며 잠시 웃는다.

김재훈 (한곳을 보며) 어? 저기 또 사람들이 옵니다.

두 사람 얼른 몸을 가다듬고

두 사람 예수 믿으세요. 예수 믿으세요. 예수님은 당신을 많이 사랑하고 계십니다.

행인 서너 명이 등장하여 그들을 외면하고 바삐 지나가서 퇴장한다.
행인9(남자)가 등장한다.
김재훈, 상냥하게 인사한다.

김재훈 예수 믿으세요.
행인9 예수 믿을 시간 있으면 차라리 뽕 따러가겠다.
김재훈 왜 뽕을 따러가요?
행인9 거기 가면 예쁜, 예쁜 여자들이 많대요, 히히히...

행인9 야릇하게 희죽거리며 퇴장한다.
김재훈, 어이없는 듯 쓴 입맛만 다신다.
행인10(여자) 등장한다.

권은혜 커피 한 잔 드시고 가세요.

행인9　난 커피 마시면 두드래기 생겨!

행인9 냉정한 모습으로 퇴장한다.
행인10(남자) 등장한다.

권은혜　율무차 한 잔 드시고 가세요.
행인10　난 율무차 마시면 3년 재수 없어 칵 퉤!

행인10 침을 탁 뱉고 퇴장한다.
노총각. 등장한다.

권은혜　커피 한 잔 드시고 가세요.
노총각　(멈추고) 커피 한 잔 주세요.
권은혜　(좋아서) 예, 예 (얼른 커피를 준다)
노총각　(받아서 한 모금 마신 뒤) 교회에서 나오셨죠?
권은혜　예.
노총각　뭐 하나 물어 볼 게 있는데요. 물어봐도 될까요?

권은혜 예, 뭐든지 물어보세요. 뭐든지.

노총각 제가 말이죠. 실은 얼마 전에 시청을 간다고 가고 있는데 골목에서 어떤 꺼벙한 남자가 사주관상을 본다며 앉아 있더라고요. 그래서 못 본 척하며 지나가는데, 글쎄 이 시부랑카가

- 이봐요, 청년!

그러는 겁니다. 그래서 멈추고 돌아보니까, 이 시부랑카가

- 관상 공짜로 봐 줄 테니까 한번 보고가.

그러는 겁니다. 그래서 공짜라는 말에, 왜 공짜라면 비상도 받아먹는다는 속담도 있잖아요. 그냥 지나갔어야 되는데, 그 놈의 공짜라는 말에 유혹을 당해서 그 시부랑카한테 큰절까지 올리며 인사했죠.

- 감사합니다. 어디 한번 잘 봐주세요.

그랬더니 이 시부랑카가 마치 족제비 눈알 같은 눈알을 데굴데굴 굴리며 나를 한참 뜯어보고 찢어보며 염병지랄을 하더니만

글쎄
- 허어 관상 한번 싸가지 없게 생겼네.
이러는 겁니다. 그래서 내가 대뜸
- 관상 한번 싸가지 없이 생겼다, 그건 또 무슨 귀신 코딱지 파먹는 소리요?
그랬죠. 그랬더니 이 시부랑카가 히죽이죽 완전 기분 나쁘게 웃기까지 하며 한다는 말씀이
- 청년, 대단히 유감이지만 청년 관상은 결혼을 못하고 혼자서 살아야 될 관상이야. 스님이나 신부가 될 아주 특별한 관상이야-
이러는 겁니다. 안 그래도 장가를 못 가서 속상해 미치고 열 받아서 매일 팔짝팔짝 뛰고 싶은 놈한테 아주 뜨거운 기름을 확 끼얹는 섭니다. 그래서 내가 코를 벌름거리며 다짜고짜
- 뭐야, 이 시부랑카야! 내가 결혼을 않고 혼자 살면 네 배때기에 살구꽃이라도 피

냐! 이 개거지 시부랑카야! 야, 이 시부랑카, 너 사람 약 올려서 확 뒈지게 하는 개뼈다귀야! 이 시부랑카 새끼, 오늘 관상 싸가지 없이 생긴 놈한테 어디 한번 반 죽어봐! 죽어보라고, 이 시부랑카야!

그러면서 내가 완전히 이성을 잃고 그 시부랑카 멱살을 확 잡아 흔들었죠. 그때 어떤 어르신이 와서 말리는 바람에 살인미수죄는 간신이 모면했지만 지금도 그 시부랑카 새끼를 생각하면 오장육부가 확 뒤틀립니다.

권은혜 정말 속상했겠어요. 뭐 그런 사람이 다 있지요. 맹꽁이 같은 사람이네요.

노총각 근데요. 제가 진짜 묻고 싶은 것은요. 제 관상이 정말로 그 시부랑카 말대로 홀아비로 늙어갈 관상이라고 해요. 그런데 예수를 믿으면 어떻게 됩니까?

권은혜 관상 따위는 미신이에요. 예수님을 구세주로 믿게 되면 예쁜 신부를 만나 결혼 할

수 있어요.
노총각 어떻게요? 제 관상이 고쳐지기라도 합니까?
권은혜 물론이에요. 관상쟁이들은 관상도 통계학 일부라고 하지만 미신이에요. 예수님을 구세주로 믿게 되면 하나님께서 청년의 관상을 결혼할 수 있도록 확 고쳐드릴 겁니다.
노총각 진짜에요? 진짜 관상도 고쳐줘요!
권은혜 물론이에요. 하나님은 만물을 말씀으로 창조하셨어요. 그랬기 때문에 청년의 관상이 정말 그 시부랑카 말처럼 싸가지 없게 생긴 관상일지라도 완전 확 바꾸어드릴 수 있어요.
노총각 진짜죠? 진짜죠?
권은혜 진짜에요. 믿어보세요. 하나님은 못 하시는 일이 없으신 만물의 주인이에요.
노총각 하-그러니까 갑자기 예수를 확 믿고 싶어지네!
권은혜 한번 믿어보세요. 돈 드는 일도 아니고 손해 볼 일도 아니잖아요. 그냥 믿기만 하면 되잖아요.

노총각 교회가 어디에 있습니까?

권은혜 저 위쪽으로 조금 올라가시면 큰길 사거리 왼편에 <하늘아래교회>가 있어요. 그 교회가 우리 교회에요.

노총각 알겠습니다. 요번 일요일에 꼭 한번 찾아뵙겠습니다.

권은혜 꼭 오세요. 10시 30분까지 오셔서 권은혜 권사를 찾아주세요.

노총각 예, 알겠습니다. 일요일에 뵙겠습니다.

노총각, 전도지 한 장 받아 쥐고 기분 좋게 퇴장한다.
권은혜, 흐뭇한 모습으로 바라본다.

김재훈 (다가와서) 권사님, 축하 또 축하합니다. 오늘은 두 영혼이나 구원하셨네요. 큰 축복을 받으시겠어요.

권은혜 시부랑카 덕택이에요.

김재훈 하하하...

권은혜 (웃다말고) 저기 또 옵니다.

김재훈 (웃음을 멈추고 보며) 예수 믿으세요. 예수 믿으세요. 예수님은 당신을 많이 사랑하고 있습니다.

행인 두 명이 등장하여 그들을 외면하고 바삐 지나가서 퇴장한다.
행인11(남자)이 등장한다.

김재훈 커피 한 잔 드시고 가세요.

행인11 난 커피 끊은 지 20년 됐소.

권은혜 예수님을 한번 믿어보세요.

행인11 우리 집은 제사 지내요.

행인11, 싸늘한 태도로 퇴장한다.
행인12(여자)가 등장한다.

권은혜 율무차 한 잔 드시고 가세요.
행인12 율무차 마시느니 차라리 냉수를 마시겠네요.
권은혜 왜 냉수를 마셔요?
행인12 냉수는 시원하기라도 하니까.
김재훈 예수님을 한번 믿어보세요.
행인12 예수를 믿느니 차라리 아기인형을 믿겠네요.
김재훈 왜 아기인형을 믿어요?
행인12 아기인형은 예쁘기라도 하잖아요.

  행인12, 야유가 담긴 미소를 짓고 퇴장한다.
  이때 험상한 매눈의 사내가 등장한다.

김재훈 예수 믿으세요.
매눈 (확 째려본다) 뭘 믿으라고?
김재훈 예수 믿으세요. 예수님은 당신을 사랑하고 있습니다.

매눈 사내가 느닷없이 김재훈의 멱살을 꽉 잡고 흔들며 윽박지른다.

매눈 너 이 새끼, 오늘 잘 만났다! 이 새끼, 이 사기꾼새끼, 뭐라고? 예수님이 나를 사랑하고 있다고? 이 개자식, 예수 팔아서 먹고 사는 새끼, 개새끼!

김재훈 (겁에 질려서) 이거 왜 이러세요. 이거 놔요. 놓고 얘기해요.

매눈 이거 왜 이러세요? 놓고 얘기해요. 못 놓겠다, 이 새끼야! 이 새끼야, 내가 예수 믿으러 교회에 갔다가 구두를 두 켤레나 잃어버린 놈이야! 그리고 예수 믿는 새끼한테 집 한 채 사기당한 놈이야. 그래서 내가 너같이 예수 믿으라는 새끼를 보면 그냥 콱 죽여 비리고 싶어. 이 개사식아!

김재훈 (필사적으로) 이거 놓고 얘기하라고요. 놔요! 놓으라고요!

권은혜 (말린다) 이거 놓으세요. 이러시면 경찰을 부르겠어요.

매눈 (호기롭게) 맘대로 해! 경찰을 부르던지 검찰을 부르던지 맘대로 불러! 난 이 사기꾼 새끼 확 죽여 버려야만 되겠으니까. 이 새끼야, 난 오늘 너를 죽일 거야, 죽일 거라고!

김재훈 (공포에 질려서) 정, 정말 왜이래요. 난 아무 잘못도 없어요.

매눈 잘못이 없기는 개 대가리가 없어! 이 새끼야, 니가 나보고 예수 믿으라고 했잖아! 예수님이 나를 사랑하고 있다고 개수작을 했잖아!

김재훈 그게 뭐가 잘못이에요?

매눈 날 유혹한 잘못이야! 날 예수 믿으라고 유혹한 잘못이야! 이 새끼, 어디 내 손에 한 번 뒈져봐!

매눈, 주먹을 들어 김재훈의 뺨을 치려한다.
그때, 호랑이처럼 무섭게 생긴 박 집사가 등장

하여 매눈의 팔을 꽉 잡는다.

박집사 인마, 사람을 죽이면 쓰냐?
매눈 (확 바라본다)...
박집사 (다가서며) 사람이 사람을 죽이면 살인자가 된다는 거 몰라, 알아?
매눈 넌 또 뭐야? 뭔데 끼어들고 지랄이야!
박집사 나? 난 마누라한테 뺨맞고 옆집에 가서 화풀이하는 너 같은 새끼 단칼에 콱 찔러 죽이는 진짜 살인마야.
매눈 (지지 않고) 뭐 살인마? 웃기고자빠졌네! 니가 살인마면 난 살인마 할아버지다, 할아버지!
박집사 (매눈 멱살을 확 잡고) 고래? 날 좀 똑바로 봐? 나가 사람 잘 죽이게 생겼지?
매눈 내가 볼 땐 사람 잘 못 죽이게 생겼는데...
박집사 고래? 진짜 칼 맞고 죽어봐야 아, 나 죽는구나! 그럴 놈이야 넌!

박 집사, 주머니에서 칼을 확 빼든다.

매눈 (화들짝 놀라서) 진, 진짜로 나를 죽이겠다는 것이야?

박집사 잘 들어, 새끼야! 난 진짜로 죽이지 가짜로는 안 죽여. 마지막 할 말은 없나? 있으면 말해. 내가 살인마지만 유언은 들어주는 신사 살인마야.

매눈 (겁을 먹고 갑자기 무릎을 콱 꿇는다. 두 손을 모아 비비며 애원한다) 자, 잘못했습니다. 살려주세요. 제발 나 좀 살려주세요.

박집사 생긴 것은 곰 대가리같이 생겨가지고 쥐새끼처럼 겁은 더럽게 많네. 왜 살려 달라는 거야?

매눈 죽기 싫어서 살려 달라는 거잖아요. 제가 지금 황천 갈 나이로 보이세요?

박집사 새끼야, 그러면 살 짓을 하고 다녀야지 왜 죽을 짓을 하고 다녀!

매눈 제가 잘못했어요. 잘못했다잖아요. (운다)

난 죽기 싫어요. 진짜진짜 죽기 싫다고요.

박집사 (칼을 매눈 이마에 대며) 좋아, 내가 묻는 말에 대답만 잘하면 살려주지. 솔직히 말해봐? 오늘 여기서 왜 행패 부렸어. 마누라한테 뺨 맞고 나온 거야?

매눈 (훌쩍거리며) 그게 아닙니다,

박집사 아니면 뭐야? 살고 싶으면 솔직히 말해. 난 소문난 살인마야, 별이 다섯 개야, 다섯 개. 네 눈에도 내가 무섭게 보이지? 난 거짓말하는 새끼를 특히 잘 죽여, 거짓말하는 순간 그 심장에다 칼을 확 꽂아버려, 솔직히 말해봐? 왜 행패를 부렸어!

매눈 (안되겠다는 듯) 사, 사실은요. 그게 모두 그 새끼 때문이라고요.

박집사 그 새끼 때문이라니? 어떤 새끼 말이야?

매눈 제 친구 가운데요. 배용수라는 새끼가 있는데요. 이 새끼가 전문대학을 나와서 빌빌댔어요. 그러더니 어느 날 예수를 믿는다고 하더라고요. 그래서 내가 예수를 믿느니 차라리 내 주먹을 믿어라며 비웃고 놀리기도 했죠. 그런데 이 새끼가 얼마쯤 지나서 무슨 무역회사를 차렸다고 하더라고요. 그러더니 한 일 년쯤 지나서 벤츠를 몰고 내 앞에 나타났어요. 그래서 내가 웬 허씨는 몰고 나타났냐고 놀렸죠. 그랬더니 자기 차례요. 무역회사를 차려서 갑자기 큰돈을 벌었대요. 예수님을 구주로 믿고 하나님한테 큰 은혜를 받았대요. 그 지랄을 하면서 나만 만나면 예수를 믿어래요. 예수 믿고 자기처럼 큰돈을 벌어보래요. 그 개자식이 자꾸만 그래요. 근데요. 난 어찌된 일인지 예수 믿기가 싫은 거예요. 그래서 예수 안 믿고 성공해 보려고 애쓰고 노력했어요. 그런데 하는 일마다 안 되고 깨지는 겁니다. 그래서 예수 믿으라는 말만 들어도 확 열 받는 겁니다.

박집사 그렇다면 구두 두 켤레 잃었다는 말도 거짓말이고 집을 사기 당했단 것도 모두 거

　　　　짓말이란 말이야?
매눈　예...
박집사　이런 미친 새끼...왜 그랬어?
매눈　신경질이 났어요. 그 새끼가 잘 되는 게 배가 아팠어요. 그래서 사람들이 예수를 믿지 못하도록 하기 위해서 고추가루를 뿌리고 다녔어요.
박집사　한마디로 헛소문을 낸 거네.
매눈　예, 난 예수가 괜히 싫어요. 배용수를 생각하면 정말 짜증나요!
박집사　아무래도 넌 죽어야겠다. 난 너 같은 새끼들 죽이려고 이 세상에 태어난 사람이야. 눈감아. 안 아프게 단번에 심장을 콱 쑤셔서 죽여줄게.
매눈　사, 살려주세요. 솔직하게 다 말했잖아요.
박집사　넌 살이시는 안 될 놈이야
매눈　왜요, 왜 안돼요?
박집사　헛소문 내고 다닐 거잖아. 눈감아! 아프게 죽여줄까?

매눈 (다급해지자) 나도 예수 믿을게요. 예수 믿으면 되잖아요.
박집사 예수님을 구세주로 믿겠다고?
매눈 살려주면 믿겠다고요.
박집사 좋아! 그럼 살려주지, 일어나!

매눈, 벌떡 일어선다.
박집사, 칼을 거두고 매눈의 손을 잡아끈다.

박집사 나 따라와! (김재훈과 권은혜에게) 난 조폭 출신 박 집삽니다. 이 녀석은 우리 교회에 데려가야겠어요. 수고하세요.

박집사, 매눈을 데리고 퇴장한다.

권은혜 (한숨을 쉬며) 휴 십년 살 것 감수한 것 같아요.
김재훈 저두요, 정말 칼 맞는 줄 알았어요. 괴상한 사람을 보겠네요.

권은혜 (고개를 갸우뚱하며) 집사님, 그런데요. 그 조폭 박 집사가 어떻게 그렇게 갑자기 나타났을까요?

김재훈 (어리둥절) 그러게 말예요. 혹시 그 분이 천사가 아닐까요?

권은혜 천사요?

김재훈 예! 아무래도 천사 같아요.

권은혜 그러니까 정말 그 분이 천사 같네요.

김재훈 어쩌면 주님이 오신지도 모르죠.

권은혜 주님이 오셨다고요?

권은헤, 놀란 얼굴로 박집사가 사라진 쪽을 바라본다.

김재훈 (한곳을 보고) 저기 또 사람이 옵니다.

권은혜 (돌아보며) 어디요?

김재훈 예수 믿으세요. 예수 믿으세요. 예수님이 당신을 많이 사랑하고 있습니다.

행인 서너 명이 등장하여 그들을 외면하고 바
삐 지나가서 퇴장한다.
행인13(남자)이 등장한다.

김재훈 예수 믿으세요.
행인13 난 불교 믿어요.

행인13, 바삐 퇴장한다.
행인14(여자)가 등장한다.

권은혜 커피 한 잔 드시고 가세요.
행인14 난 커피 마시면 졸도해요.
커피와 궁합이 잘 안 맞아요.
권은혜 그럼 율무차 한잔 드시고 가세요.
행인14 율무차 먹으면 암 걸려요.

행인14, 황망히 퇴장한다.
보름달 같은 얼굴의 중년여자가 등장한다.

권은혜 커피 한 잔 드시고 가세요.

보름달 (바라보며) 수고가 참 많으시네요. 커피 한 잔 주세요.

권은혜 예, 예 (얼른 커피를 준다)

보름달 (한 모금 마신 후) 뭐 하나 물어봐도 되겠어요?

권은혜 뭔데요? 물어보세요.

보름달 (망설이다가) 제가요, 실은 지난 주일에 처음으로 교회에 다녀왔어요.

권은혜 할렐루야! 그런데요?

보름달 교회에 갔다 와서 그날 밤에 기도하고 잠을 잤어요. 근데 참으로 이상한 꿈이 꾸였어요.

권은혜 어떤 꿈이 꾸였는데요?

보름달 있잖아요. 제가 집에 있는데 갑자기 어떤 허연 노인이 나타났어요. 그래서 깜짝 놀라 무릎을 꿇었어요. 그랬더니 그 허연 노인이 호박 모종을 하나 쥐고는 나를 딱 바라보다가 갑자기 나한테 휙 던지며

- 잘 키워 봐!

그러는 거예요. 그래서 깜짝 놀라서 깨보니까 꿈이었어요. 이건 무슨 꿈이죠?

권은혜 (잠시 생각하다가 문득 박수를 탁 치고는) 그건 아주 아주 좋은 꿈이에요. 길몽이에요.

보름달 길몽이라니요?

권은혜 우리 속담에도 복 있는 사람이 집에 오면 호박이 넝쿨째 굴러들어왔다 하잖아요.

보름달 (끄덕이며) 그렇죠, 그런 속담이 있죠.

권은혜 그런데 호박 모종을 휙 던지며 잘 키워봐. 했잖아요. 호박 모종을 잘 키우면 어떻게 됩니까. 호박이 쑥쑥 자라서 줄기가 뻗어나갈 것 아닙니까. 그러면 자연이 호박이 주렁주렁 열릴 거잖아요. 이 꿈은 예수님을 잘 믿고 교회에 잘 다니면 복을 많이 주겠다는 확실한 약속의 꿈입니다. 그리고 '잘 키워봐' 이게 무슨 소리냐? 이건 예수 잘 믿어봐! 이 소립니다.

보름달 (좋아서) 어머! 어머! 그러니까 정말 그렇네요. 꿈보다 해몽이라더니 해몽을 아주 잘 하시는군요. 앞으로 예수 잘 믿을래요. 커피 잘 마셨어요. 커피가 너무너무 맛이 좋아요. 수고하세요.

보름달, 기분 좋은 모습으로 퇴장한다.

권은혜 안녕히 가세요.
김재훈 (다가서며) 권사님이 꿈 해몽을 아주 기똥차게 하셨어요. 저것 좀 보세요. 아주 좋아하며 가잖아요. 앞으로 예수 잘 믿을 겁니다.
권은혜 나도 처음엔 당황했어요. 근데 성령님이 순간적으로 감동을 주었어요. 성령님이 주신 지혜에요.
김재훈 어쨌든 아주 잘 하셨어요. 박수! (박수신나)
권은혜 (즐거워하다가 한곳을 보며) 어? 저기 또 사람이 옵니다.
김재훈 어디요? (바라보고) 정말 오네요.

(몸을 가다듬고) 예수 믿으세요. 예수님은 당신을 사랑하고 있습니다.

행인15(남자)가 등장한다.

김재훈 예수 믿으세요.
행인15 우리 집은 13대째 유교 믿는 집안입니다.

행인15, 냉소하며 퇴장한다.
행인16(여자)이 등장한다.

권은혜 예수 믿으세요.
행인16 (주의 준다) 조용조용 말해요. 내 귀가 많이 아파요. 거리를 전세 냈나. 왜 거리에서 떠들어!

행인16, 투덜대며 퇴장한다.
권은혜, 한방 맞은 표정을 짓고 바라본다. 그러다가 다시 시작한다.

권은혜 예수 믿으세요.

　행인 두 명이 등장한다
　권은혜, 전도지를 행인에게 내민다.
　행인 한 명은 고개를 홱 돌려 외면하고 지나가서 퇴장한다.
　행인 한 명은 전도지를 받아서 약올리듯 코를 휑 풀어서 둘둘 말아서 던지고는 퇴장한다.
　권은혜, 기막힌 표정으로 바라보고 있다.
　이때 40대의 짱구남자(구두쇠)가 등장한다.

권은혜 (얼른 상냥하게) 커피 한 잔 드시고 가세요
구두쇠 (멈추고 바라보며) 요즘 물가도 많이 비싼디 커피 공짜로 마셔도 괜찮을랑가 몰라요.
권은혜 (전라도말로) 괜찮은께 걱정은 하들랑 말고 드시랑께요.
구두쇠 (밝은 표정) 워째 말씨가 나하고 확 통해번지네요.
권은혜 나도 그쪽이랑께요

구두쇠 (반가운 표정) 워매, 그라요? 그랑께 갑자기 고향친구 만난 기분이구만요.

권은혜 그랑께 나도 기분이 확 좋아번지네. 오늘 예수 믿으면 쓰겠는디, 예수 한번 삼박하게 믿어볼티요?

구두쇠 예수 믿어라니께 나가 한마디 해야 쓰것소.

권은혜 뭔 말인디요? 해 보랑께요.

구두쇠 나가 안 그려도 얼마 전에 초등학교 동창친구가 찾아와서 자꾸 예수 믿자고 혀서, 친구 따라 강남도 간다는디 이참에 친구 따라 예수 믿고 천국에 같이 가자고 혀면서 하도 사정사정을 혀서 교회를 한번 갔쓰라요. 그란디 가는 날이 장날이라더니만 글씨 그날 그만 천둥벼락이 쳐번졌소.

권은혜 천둥벼락이 쳐번지다니 고건 또 무슨 맹꽁이 울음소리요?

구두쇠 맞어. 맹꽁이가 울어번진기여. 예배가 끝날 무렵인디 강단에 선 목사가 갑자기 교회를 재건축 혀야 쓰겠다면서 어쩌구 저쩌구 한참 사설을 늘어놓더니 글씨 건축헌금 일억을 할 사람 손을 들어보라, 구천만원 할 사람, 팔천만원 할사람, 그렇게 쫙 내려오더니 마지막에는 오만 원 혈 사람 손 들어 보라구까지 하더라니께요. 나 원 기가 꽉 막혀서 말이 잘 나오덜 않더라니께. 친구 따라 예수 믿으려고 교회에 갔더니 목사가 돈 내라며 손을 들라 하더라니께요. 그려서 나가

- 에라이 떡 반죽에 튀겨서 보리떡 혀 먹을 개떡 같은 녀석아. 예수 잘 믿고 너 혼자 천국 잘 가거라. 이 사기꾼 사촌 같은 눈알 빠질 새끼야!-

친구한테 눈을 떽 부라리며 그렇게 속으로 따발총을 따따다 쏘고는 벌떡 일어 나서 예배당을 뛰쳐나와 번졌어요. 나랑 같은쪽 여사님, 나가 잘 현 일이요? 잘못 현 일이요? 속 시원 혀게 대답 한번 혀보랑께요.

권은혜 나가 속 시원하게 대답해 드리지라. 고것은 나와 같은쪽 사장님이 완전 잘못했소.

구두쇠 뭣이라? 워째서 나가 완전 잘못 혔다는 것이요?

권은혜 같은 쪽 사장님, 로마에 가면 로마법을 따라야 살것소, 대한민국 법을 따라야 살 것소?

구두쇠 그야 당연히 로마법을 따라야 살지라요.

권은혜 대답 한번 잘혔소. 교회에 갔으면 교회 법을 따라야지. 교회에 가서 세상 법을 가지고 따지면 쓰겠어요?

구두쇠 교회법이라니요? 고건 또 무슨 굼벵이가 쇠똥 먹는 소리여?

권은혜 교회법이 바로 하나님 나라 법이랑께요.

구두쇠 하나님 나라 법에는 건축헌금이란 이름으로다가 돈을 맘대로 갈취해 가겠끔 되어 있소?

권은혜 그건 갈취가 아니랑께요.

구두쇠 건축헌금이란 멍청한 이름으로 돈을 빼가

는디 고것이 갈취가 아니면 뭐가 갈취란 것이요. 사람을 오라줄로 꽁꽁 묶어놓고 주머니에 있는 돈을 탈탈 털어가야만 갈취인가요?

권은혜 워메! 정말 답답해 미치겠구먼! (주먹으로 가슴을 두 번치고) 같은 쪽 사장님, 성경이 뭔지 알아요. 알랑가 몰라?

구두쇠 사람 무시하지 마쇼. 세상에 성경이 뭔지도 모르는 사람이 워디 있간디요.

권은혜 성경이 뭐디요?

구두쇠 성경은 하나님 말씀, 예수님 말씀을 기록혀 놓은 책이잖어요.

권은혜 워메, 확실히 아네잉. 교회에도 안댕겼는디 워째 성경을 알았을까잉?

구두쇠 나가 이래도 고등학교까지 나왔는디 아무리 뒤에서 굴굴 코를 골며 공부혔기로 고것을 모르면 쓰겠어요.

권은혜 좋아요. 좋단께요. 성경 말씀을 안다니께 나가 한 말씀 드려야 쓰겠소. 예수님 말씀이 기록되어 있는 누가복음 5장에 보면요. 베드로란 사람이 나오는디요. 베드로가 친구들과 함께 호수에서 밤새도록 고기를 잡았는디 한 마리도 못 잡고 아침이 와번진거요. 그래서 고기 잡기를 그만두고 호숫가에서 그물을 거두고 있었쓰라. 이때 예수님이 베드로에게 와서 빈 배를 좀 빌리자고 혀요. 그러니께 베드로가 군말 않고 빌려줘요. 호숫가에는 예수님의 말씀을 들으려고 몰려온 많은 사람이 앉아 있었어요. 예수님은 빌린 배에 올라서 배를 호숫가 조금 뒤로 올리고는 배를 강대상삼아 사람들에게 설교를 혀요. 그렇게 설교를 다 끝낸 뒤에 예수님은 베드로에게

- 깊은 데로 가서 그물을 내려 고기를 잡으라- 그래요. 그러자 베드로가

- 선생님 우리가 밤이 새도록 수고하였으되 잡은 것이 없지마는 말씀에 의지하여 내가 그물을 내리리이다.-

혀요. 거기서 만일 베드로가 짜증을 내어
- 선생님, 우리가 밤이 새도록 고기를 한 마리도 못잡았는데 또 가서 그물을 내리라고 합니까? 선생님이 어부입니까? 어부라면 내가 선생님보다 한참 선배입니다. 지금 누구 데리고 장난치며 놀리십니까? 관두세요! 관두시라고요!
그렇게 따지고 대들며 거절할 수도 있었어요. 그란디 베드로는 예수님 말씀에 순종해서 시키는 대로 가서 그물을 내려봅니다. 그란디 워메 고기가 그물이 찢어지게 올라와 번진거요. 그란께 베드로가 친구들을 싸게 불러서 고기를 거둬요. 그란디 고기를 다 거둬놓고 보니께 고기가 얼마나 많은지 두 배에 가득히 차서 배가 물에 잠실까 석성이 될 지경이 돼 번진 거요.

구두쇠 그게 뭐 워쨌다는 기요?

권은혜 워메, 고등학교까지 나왔다는 사람이 계산이 잘 안돼요? 간단히 계산혀서 요즘 시세로 고기가 한 배 가득히면 싸게 계산혀도 천만 원은 되겠죠잉? 그럼 두 배면 얼마예요? 이천만원이잖아요, 이천만 원!

구두쇠 그란디요? 이천만 원이 뭐 워쨌다는 기요?

권은혜 워메, 나 혈압 오르네. 같은쪽 사장님, 머리에 녹이 쓸어 번졌나. 상당히 안돌아가네요잉. 사장님, 정신 딱 차리고 잘 들어 보랑께요. 예수님께서 빈 배를 잠시 빌려 쓴 대가로 이천만 원의 배 삯을 계산 혀준 거잖아요. 아직도 머리가 안 돌아가요?

구두쇠 (갑자기 놀란 표정) 워메? 그런께 예수님이 빈 배 잠깐 빌려 쓰시고 배 삯으로 이천만 원을 준거네요잉? 내 배도 한번 빌려 쓰라고 혀요.

권은혜 인제사 전기가 확 돌아와 번졌나보네. 지금은 머리가 팍팍 잘 돌아가요?

구두쇠 다시 한 번 말혀 보랑께요. 시방 고것이 무슨 산딸기 공짜로 따먹는 소린지 확실하게, 시원하게 한 번 더 말해 보랑께요.
권은혜 맞어. 확실히 산딸기 공짜로 따먹는 소리가 맞긴 맞네잉. 같은 쪽 사장님, 딱 부러지게 말 혀서 예수님이 의리가 있는 분이요? 없는 분이요?
구두쇠 빈 배 잠시 빌려 쓰고 이천만 원 지불혔다 혀면 그분은 상당히 멋쟁이고 의리도 보통 있는 게 아닌 것으로 보이는데요잉.
권은혜 맞아요. 보통 의리가 아니지라요. 혀지만 그건 의리도 아니지라요. 진짜는 따로 있지라요.
구두쇠 진짜는 또 뭐요?
권은혜 예수님은 이 세상 모든 사람, 전 인류를 위해 목숨을 내놓은 분이지라요. 전 인류가 지은 죄를 용서받게 해 주기 위해서 예수님은 전 인류를 대신혀서 십자가에 달려 피를 흘리며 처참하게 죽었어요. 가장 소중한 목숨을 우리를 위해 헌신짝 버리듯 버려버린 의리파 멋쟁이가 바로 인류의 구세주 예수님이랑께요.

구두쇠 그려서 나보고 예수님을 구세주로 믿어라 이 말이요, 시방?

권은혜 아니랑께요. 예수님을 구세주로 믿고 안 믿는 건 같은 쪽 사장님 맘이고요. 나가 시방한 야그는 예수님 의리를 말한 거요.

구두쇠 그 말이 그 말이 아닌가요?

권은혜 같은 쪽 사장님, 최초에 우리가 무슨 말 때문에 여기까지 온지 알아요?

구두쇠 글씨… 뭣 땜시 왔더라. 가물가물 헌디요.

권은혜 같은 쪽 사장님! 정신 똑바로 차려요. 우리가 여기까지 온 것은 건축헌금 때문이었잖아요.

구두쇠 그렇지! 맞지라요. 건축헌금 때문에 여기까지 왔지라요. 그란디 그게 뭐 워쨌다는 기요?

권은혜 같은 쪽 사장님, 내 말 잘 들어요. 교회는 예수님의 머리라고도 혀고 예수님의 몸이라고도 혀요.

구두쇠 그란께 한마디로 예수님의 몸이네요.

권은혜 워따 딱 맞춰 번졌네. 딱 맞춰 번졌어. 그란께 그 예수님의 몸을 만드는 일이 바로 교회건축이에요. 같은 쪽 사장님, 나가 여기까지 말했는디 뭔가 머리가 뻥 안 돌아가요?

구두쇠 (생각한다) 그런께... 그런께... (생각난 듯) 아, 알겠다! 빈 배를 잠시 빌려 쓰고도 이천만 원을 줬는디 자기 몸을 만드는데 돈을 쓴다면 워쩔까? 몇 억, 아니 몇 십억, 아니 몇 백억도 줄 수 있는 일이 아닌가? 뭐 이런 야그 아니랑가요?

권은혜 워메 인제사 머리가 팽팽 잘 돌아가번지네. 고렇게 이해혔다면 고건 백점이랑께, 백점!

구두쇠 (정색하며) 그려서 시방 나보고 건축헌금을 내고 예수님을 구세주로 믿어라 이 말이랑가요?

권은혜 고런 것이 바로 두 말 혀면 잔소리 세말 혀면 곰이 새똥 밟는 소리랑께요.

구두쇠 같은 쪽 사모님, 그란디 예수님이 누구신디 고렇게 돈이 많디요?

권은혜 몰랐시오. 예수님은요, 천지만물의 주인인 하나님 아버지의 외아들이예요.

구두쇠 천지만물의 주인? 그랑께 예수님이 천지만물 주인의 외아들이란 말인가요?

권은혜 예, 그러니께 돈이 많죠, 주고 싶을 때 언제든지 팍팍 줄 수 있도록 많당께요. 천지만물이 다 그 분의 것이니까.

구두쇠 그러니까 갑자기 안 믿어지네.

권은혜 왜 안 믿어져요?

구두쇠 사기 같어. 아무리 곱게 생각혀봐도 고건 많이 사기 같어.

권은혜 사기 같다니? 그건 또 무슨 잘나가다가 목포로 빠지는 소리여?

구두쇠 생각혀 보랑께요. 워떻게 천지만물을 가질 수가 있당가요. 워디 등기되어 있는 것 봤시오?

권은혜 같은 쪽 사장님, 우리가 무슨 야그 혀다가 그 야그 헌 줄 알아요?

구두쇠 건축헌금!

권은혜 그게 아니지라! 성경은 하나님 말씀이고 교회법은 바로 하나님 나라 법이라 혔잖아요.

구두쇠 그랬지요!

권은혜 그 성경 말씀에 예수님이 천지만물의 주인인 하나님 아버지의 외아들이라고 기록되어 있당께요.

구두쇠 그러니께 그렇게 되긴 된건디(헷갈린다) 워찌니까 참 쉽고, 워쩌니까 또 한참 헷갈리네. 그란디 눈에도 안 보이는 예수님을 믿고 예수님의 몸을 만드는데 돈을 냈다가 의리 있는 예수님한티 돈을 왕창 받은 사람도 있긴 있나요?

권은혜 있지라요. 많이 있지라요. 우리 교회 장로님 한 분은 우리 교회를 건축할 때 절반쯤 돈을 냈지라요. 그란디 하안동에 목욕탕을 지었는디 지하수를 파자 갑자기 유황물이 펑펑 올라와 번진 거요. 그란디 이 유황물이 또 얼마나 신통한지 피부병이 있는 사람이 와서 목욕하면 깨끗이 나아번진 기여. 그래서 사람들이 구름떼처럼 몰려 들었지라요. 그 바람에 돈을 갈쿠리로 긁어 모우듯이 모아서 건축헌금 몇 십 배를 받았지라요.

구두쇠 (끄덕이며) 나가 그 야그는 한번 들었지요. 내 조카가 피부병이 생겨서 거기 가서 고쳤다고 혔기는 혔어요.

권은혜 그런께 의심 혀지 말고 믿어요. 그렇게 받는 것을 교회 말로 큰 복을 받았다. 혹은 축복을 받았다고 하는디 전국적으로 살펴보면 그런 큰 복을 받은 사람이 셀 수도 없도록 많다니께요.

구두쇠 같은 쪽 사모님 말씀을 들으니께 나가 많이 흔들흔들 혀네요.

권은혜 같은 쪽 사장님, 나가 아무려면 같은 쪽 사장님헌티 거짓말을 혔을까? 야그 나온 김에 하나 더 혀야 쓰것네요. 우리 교회 건축혀고 나서 잠시 어려웠을 때, 강단에 꽃꽂이도 못혔대요. 그때 어떤 권사님이 돈이 있어서 자기 자비로 꽃꽂이를 혔대요. 그란디 그 권사님 손에 악성습진이 있어서 손에 물을 넣지 못혔대요. 그래서 집 안일도 파출부를 불러다가 혀곤 혔는디 얼마동안 꽃꽂이를 혀다가, 그 날도 꽃꽂이를 만드는 사람 옆에서 도와주고 있었는디 뭔가를 하다가 실수혀서 손을 물에 담궜대요. 그려서 깜짝 놀라서 손을 들었는디 그란디 아무렇지도 않더래요. 그려서 다시 손을 물에 넣어서 씻어 봤는디 정말 아무렇지도 않더래요. 악성습진이 씻은 듯이 완선히 사라져 번진 거예요. 예수님께서 자기 몸을 꽃꽂이로 단장하자 감동혀서 악성습진을 깨끗이 고쳐 번진 거지요. 그란디 그 일이 교회에 소문이 나자 너도 나도 꽃꽂이 하겠다고 쌈판이 나번졌대요. 뒤늦게 목사님이 그 사실을 아시고는 모두 꽃꽂이 헌금을 혀시오. 그래서 함께 은혜를 받으시오. 그래서 우리 교회는 정초에 꽃꽂이 헌금을 혀서 다함께 예수님께 사랑도 받고 복도 받고 있어요. 같은 쪽 사장님, 내 말이 의심스러우면 우리 교회에 가서 한번 물어보랑께요.

구두쇠 (감동하여) 예수님이 완전 의리 있네요잉? 완전...

권은혜 완전 의리 있지라요. 교회 안에는 모두가 복 받는 장소라니께요. 또 권사님 한 분은 식당에서 봉사혀고 말할 수 없는 큰 복을 받아 번졌다니께요. 믿어보랑께요. 믿어보면 안다니께요.

구두쇠 (마침내 결심한다) 알았소! 같은 쪽 사모님 말씀을 들으니께 의심이 확 사라지고 예수님을 구세주로 확 믿고 싶어지네요잉.

권은혜 잘 생각혔소, 그렇다면 요번 주일에는 꼭 친구 따라 교회에 가세요.
구두쇠 아니지라! 같은 쪽 사모님 때문에 예수님이 믿어진 것인께 요번 주일부터 같은 쪽 사모님 교회에 가야 쓰겠지라 그려야 나도 의리 있는 사람이 아니겠소.
권은혜 (감격하여) 워메, 같은 쪽 사장님이 나를 완전 감동시켜 번졌네요잉!
구두쇠 같은 쪽은 같은쪽을 믿는 거랑께요. 주일에 교회에서 뵙지라요. 수고혀요.
권은혜 교회에 와서 권은혜 권사를 찾아줘요.
구두쇠 알았당께요.

구두쇠 전도지를 하나 집어들고 기분좋은 모습으로 퇴장한다.
권은혜 사뭇 감동한 상기된 표정으로 바라보고 있다.

김재훈 (다가와서) 권사님, 오늘 같은 쪽 만나서 또 한 번 수지맞았네요.

권은혜 하나님 은혜에요. 같은 쪽도 쓰임 받을 때가 다 있네요.

김재훈 같은 쪽, 쪽수가 맞으니까 되네요, 하하하...(크게 웃는다)

행인 한 명이 등장한다.
김재훈 전도지를 준다.
행인 홱 뿌리치고 가다가 퇴장한다.
얌전한 모습의 20대 숙녀가 등장한다.

김재훈 커피 한 잔 드시고 가세요.
얌전이 (다가와서) 커피 한 잔 주실래요.
김재훈 (좋아서) 예, 예, (얼른 준다)
얌전이 (한 모금 마시고) 저어... (망설인다) 저어...
김재훈 무슨 하실 말씀이라도 있으신가요?
얌전이 (망설인다) 저어...
김재훈 말씀하세요.
얌전이 예수님을 믿게 되면... 불치의 병도 고칠 수가 있나요?

김재훈 물론이죠. 아가씨가 무슨 불치의 병에 걸리기라도 하셨어요?

얌전이 아뇨, 제가 아니고요. 저희 아빠가...

김재훈 부친이 무슨 중병에라도 걸렸습니까?

얌전이 예, 폐암 말기에요.

김재훈 그래요? 걱정이겠어요.

얌전이 돈이 없어서 병원에도 못가고 집에 있어요. 누가 예수님을 믿으면 병을 고칠 수가 있다고 해서... 예수님을 믿게 되면 정말 병을 고칠 수가 있나요?

김재훈 예, 성경에 보면요. 예수님께서 당시엔 불치병인 한센병자를 고쳤고요. 유출병자, 중풍병자도 고쳤어요. 못 고치는 병이 없었어요. 장님을 눈 뜨게도 하셨고 벙어리를 말하게도 하셨고, 앉은뱅이를 일어나 걷게도 하셨어요. 지금도 예수님을 굳게 믿으면 병이 고쳐져요.

얌전이 (좋아서) 진짜죠? 정말이죠?

김재훈 그럼요, 우리 <하늘아래교회>에 다니는 사

람 가운데는 암을 고친 분도 있고요, 도박
병을 고친 분도 있어요.

얌전이 도박병은 어떤 병인데요?

김재훈 왜 있잖아요. 화투나 카드로 남의 돈을 따
겠다고 하는 것이 도박병이죠. 도박병에
걸리면 집안을 다 말아먹죠. 아, 참 우리
<하늘아래교회>에서는 외도병을 고친 분
도 있어요.

얌전이 외도병은 또 무슨 병이에요?

김재훈 외도병은요, 결혼한 유부남이나 유부녀가
다른 여자나 남자를 좋아하는 병입니다.
바람났다 그러기도 하죠. 바람나면 가정이
풍비박산 되잖아요. 그런 병도 세 명이나
고치는 것을 내 이 두 눈으로 똑똑히 봤어
요. 예수님을 백 프로 믿기만 하면 못 고
치는 병이 없어요.

얌전이 믿을게요. 예수님을 백 프로 믿으면 되잖
아요. 우리 아빠 병만 고칠 수 있다면 백
번 천 번 예수님을 백 프로 믿을 수 있어

요.
김재훈 그러면요. 내일 오전에 부친을 모시고 우리 <하늘아래교회>로 나오세요. 그러면 우리 목사님께서 병 고침의 안수기도를 해주실 거예요.
얌전이 예, 갈게요, 꼭 갈게요. 수고하세요.
김재훈 내일 꼭 오세요.

얌전이, 기쁜 표정으로 인사하고 전도지를 한 장 쥐고는 퇴장한다.

권은혜 (다가와서) 집사님, 집사님도 오늘 천하보다 귀한 한 영혼을 구원하셨네요.
김재훈 저 마음이 내일까지 변하면 안 되니까 저 아가씨 마음이 내일까지 변하지 말라고 기도 좀 세게 해주세요.
권은혜 기도 세게 하면 뭐 있나요?
김재훈 있죠. 하나님한테 사례비 받으면 한턱 단단히 쏘겠습니다.

권은혜 믿습니다. 호호호...
김재훈 (한곳을 보고) 어? 저기 그 할머니 또 오신다.
권은혜 또 오서요?

꼬부랑 할머니가 지팡이를 짚고 체머리를 흔들며 등장한다.

권은혜 (김재훈에게 낮은 목소리로) 오늘은 그냥 보내세요.
김재훈 (도리머리치고) 예수 믿으세요.
꼬부랑 (멈춰 서서) 시방 뭐라 했어?
김재훈 예수님이 할머니를 많이 사랑하고 계신다고 했습니다.
꼬부랑 내 귀가 잘 안 들려, 뭐라고?
김재훈 (큰소리로) 예수님이 할머니를 많이 사랑하고 계신다고 했습니다.
꼬부랑 예수님이 사탕을 좋아한다고?

무대 조명이 천천히 꺼진다.

김재훈 그게 아니고요. 예수님이 할머니를 많이 사랑하고 계신다고 했습니다.
꼬부랑 예수님이 소를 사랑한다고? 아이고 망측해라. 예수님이 미쳤나 벼. 소를 왜 사랑하나?

무대가 완전 암전한다.

제 2막

암전된 무대가 천천히 명전되면
그 장소에서 김재훈과 권은혜가 나란히 서
서 전도하고 있다.

김재훈 겨울도 가고 어느새 봄이 왔네요.
권은혜 모두 꽃구경을 가셨나. 오늘은 사람들이 통 안보이네요.
김재훈 (한 곳을 보고) 드디어 한 분옵니다.
권은혜 (바라보며) 어디요?

두 사람, 몸을 가다듬고
한곳을 바라본다.

두 사람 예수 믿으세요. 예수 믿으세요. 예수님은 당신을 많이 사랑하고 있습니다.

행인이 등장하여 외면하고 지나간다.
행인17(남자)이 등장한다.

권은혜 커피 한 잔 드시고 가세요
행인17 난 커피 안 먹어요.
권은혜 그럼 율무차로 드시고 가세요.
행인17 난 율무차 먹으면 돌아버려요

행인17, 냉소하며 퇴장한다.
행인18(여자) 등장한다.

권은혜 커피 한 잔 드시고 가세요.
행인18 (딱 바라보며) 커피로 나를 낚아 보시겠다? (노래로) 커피 가지고는 안 돼. 사람 웃기네. 사람 웃기네.
권은혜 (노래로) 커피 가지고도 되네. 사람 살리네. 사람 살리네.
행인18 (신경질적으로) 사람 살리지 마! 난 죽을 거야!

행인18, 비웃으며 퇴장한다.
허름한 40대 중년 남자가 경상도 말로 등장한다.

경상도 아따, 커피 냄새가 죽이 뿌네.
김재훈 커피 한 잔 하시고 가세요.
경상도 한잔 주 보이소. 내는 커피 억수로 좋아하는 기라.
김재훈 예, 예 (얼른 커피를 준다)
경상도 (받아서 몇 모금 마시고) 아따, 커피 맛 확 죽이 뿌네. 요기 무슨 커피요?
김재훈 맥심입니다.

경상도 맥심, 아 좋다. 그란데요.

김재훈 예, 말씀하세요.

경상도 와 나보고 커피 공짜로 줍니꺼?

김재훈 예수 믿으시라고 드리는 겁니다.

경상도 뭐라꼬요? 예수 믿어라꼬요?

김재훈 억지로는 안 믿으셔도 됩니다.

경상도 예수 믿으면 돈 주나요?

김재훈 돈이 필요하신가요?

경상도 지는요. 마 돈 한번 많이 벌어보는 기 소원인 기라예. 예수 믿으면 돈 많이 벌 수 있능교?

김재훈 (사투리로) 논 많이 벌 수 있다카믄 예수님을 구세주로 믿을 랍니꺼?

경상도 하믄요, 돈 많이 벌 수 있다카믄 예수 믿을 수 있심더. 우떻게 하믄 돈을 많이 벌 수 있습니꺼?

김재훈 그러믄 마, 예수님을 구세주로 믿어 뿌이소,

경상도 예수님을 구세주로 믿어 뿌믄 예수님이 돈

많이 줍니껴?

김재훈 예수님은예, 이 천지만물의 주인인 하나님의 외아들이라예, 그란데 하나님이 예수님한테 이 천지만물을 다 맡겼심더. 그라니까 예수님이 부자겠어예, 아니겠어예?

경상도 천지만물의 주인이라카믄 예수님은 마 억수로 부자겠네예.

김재훈 맞심더, 예수님은 억수로 부자라예, 그란데 로마에 가믄 로마법을 따라야 되고 예수님을 구세주로 믿게 되믄 하나님 법을 잘 지켜야 돈을 많이 받을 수 있는 기라예.

경상도 그라이까 뭐꼬? 하나님 법을 잘 지켜야만 부자가 된다, 이 말 입니껴?

김재훈 맞심더. 아따 머리가 팍팍 억수로 빨리 확 돌아가뿌리네예.

경상도 긴말 빼고 본론을 말해보이소.

김재훈 한마디 묻겠심더. 처음 만나는 사람 앞에서 돈부터 달라카믄 싸가지가 있는 일인가예, 없는 일인가예?

경상도 처음 만났는데 돈부터 달라카믄 완전 싸가지 없는 일이지예. 그거는 아주 왕재수인기라.

김재훈 그라이까 아자씨도 하나님한테 돈 받고 싶으믄 먼저 <하늘아래교회>와서 등록부터 하이소. 그라고 예수님을 내 구주로 딱 영접해 뿌린 뒤에 돈 달라카소.

경상도 우떻게 하믄 돈을 잘 받을 수 있습니꺼?

김재훈 하나님 아버지, 지도 십일조 많이 낼 수 있게 해주이소, 그렇게 기도하믄 됩니더.

경상도 십일조가 도대체 뭔가예?

김재훈 십일조는예. 자기가 번 수익의 십 프로를 하나님께 드리는 기라예.

경상도 뭐라꼬요. 그라믄 나보고 먼저 돈부터 내라 이 말입니꺼? 교회에서 내 돈부터 먼저 받겠다, 시방 그런 말입니꺼?

김재훈 그건 오해라예.

경상도 내가 보이까네 오해가 아니고 내 돈을 먼저 싹 빨아먹겠다, 카는 말 같은데, 아입니껴?

김재훈 아자씨예. 십일조를 많이 낼 수 있게 해주이소. 이 말은, 하나님 나한테 돈 많이 주이소, 이 말인 기라예.

경상도 뭐라꼬요? 아, 이거 완전 헷갈리뿌리네. 그거는 또 무슨 귀신이 방귀 빵 뀌는 소립니껴?

김재훈 한마디 묻겠심더, 만일 아자씨가 십일조를 십 만원 냈다 카믄 아자씨가 얼마를 번깁니껴?

경상도 백만 원이지예.

김재훈 십일조를 백만 원 낸다카믄…

경상도 천만 원 벌은 기지예.

김재훈 아자씨, 계산은 완전 억수로 빠르네예. 아자씨예, 십일조는 아자씨 장롱 속에 숨겨놓은 돈을 가지고 오라 카는기 아이라 하나님한테 받은 돈 가운데 십 프로를 가지고 오라 이런 말인기라예. 아직도 머리가 잘 안 돌아갑니껴?

경상도 그라이까 뭐꼬, 십일조를 많이 네게 해주이소. 이 말은 딱 까놓고 말하믄 나한테 돈 많이 주이소. 이 말이네!

김재훈 아이구마, 이제사 머리가 빡 돌아가시네예. 다시 말하믄 예수님을 안 믿을 때는 돈이 잘 안 들어왔는데 예수님을 믿고 십일조를 많이 내게 해주이소 했더니만 여기저기서 돈이 막 굴러들어오는 기라예. 그 돈에서 십 프로를 하나님께 드리는 기 십일조고예. 그라믄 하나님이 신이 나서 자꾸자꾸 돈을 주시는 기라예. 쌀을 창고가 없도록 자꾸자꾸 돈을 주는 기라예. 성경에 그렇게 약속이 되어 있어예.

경상도 (생각하다가) 그라이까, 내가 하나님한테 만 원을 느리는 하나님은 나한테 십만 원을 준다, 뭐 그런 말 아입니껴?

김재훈 맞아예. 바로 그 말인기라예, 인자 머리가 빡 돌았십니껴?

경상도 그라믄 하나님이 완전 손해 아입니껴.

김재훈 지금 부자 하나님을 생각해 줄 여유가 있습니껴? 쥐가 고양이 생각하믄 웃기는 거 아입니껴?

경상도 (믿기지 않는 듯) 그란데 아무래도 어째 좀 황당 황자 같지 않아예?

김재훈 황당 황자가 아니고 성경에 진짜로 그렇게 약속이 되어 있심더.

경상도 그란데 그렇게 해서 하나님한테 돈을 많이 받은 사람이 실제로 있어예?

김재훈 하믄요. 한 둘이 아니고 많아예. 예수 믿는 사람들이 바보라서 예수 믿는 기 아이고 하나님이 자꾸 주시니까 믿는 기라예.

경상도 지는 마 많이 헷갈리네예. 참말 같기도 하고 거짓말 같기도 하고...

김재훈 우리 <하늘아래교회>에는 <5학년 3반 청개구리들> 이라는 동화를 쓴 작가님이 계신 대예. 그 분이 아주 멋지게 그런 체험을 했어예.

경상도 청개구리가 뭐 어떻게 됐다는 깁니꺼?

김재훈 (한 곳을 보고) 어? 마침 저기 최 작가님이 오시네예. 잘 됐네예. 만나서 직접 말씀을 한번 들어보도록 하이소.

최승환, 동화작가가 등장한다.

최승환 (인사한다) 집사님, 권사님, 전도하느라고 수고가 많으십니다.

김재훈 (인사시킨다) 인사하이소. 이 분이 청개구리 작가님이라예.

최승환 반갑습니다. 최승환입니다.

경상도 반갑십니더.

김재훈 (작가에게) 집사님, 이분이 십일조를 내는데 어떻게 하나님께 돈을 받느냐고 해요. 황당해서 믿지 못하겠대요. 설명을 좀 해 주세요.

최승환 아, 그래요. 그러죠 (경상도를 바라보며) 제가요, 작가가 되려고 서울에 와서 고생을 많이 했습니다. 정말 찢어지게 가난한 삶을 살았어요. 그런 어느 날 다방에서 만난 어떤 분이 예수님을 구세주로 믿으라고 권했어요. 그래서 예수님을 믿으면 돈 주냐고 했죠? 그랬더니 돈을 받고 싶으면 하나님 앞에 가서 십일조를 많이 낼 수 있게 해주세요. 그렇게 기도를 하래요. 그러면 어디선가 돈이 들어온대요. 돈이 들어오면 십 프로를 떼서 하나님께 드리래요. 그러면 또 돈이 들어온대요. 됐다 싶더라고요. 그래서 그 주일에 가까운 교회에 가서 등록을 하고 예수님을 구주로 영접했죠. 그러고는 십일조를 많이 낼 수 있게 해주세요. 그렇게 기도를 했죠.

경상도 그랬더니 정말 돈을 줍디껴?

최승환 예, 그 무렵에 쓴 <5학년3반 청개구리들>이란 동화를 십 프로 인세를 받기로 하고 계약을 했죠. 그리고 첫 인세를 받아서 십 프로를 떼서 십일조를 드렸죠. 그랬더니 금방 책이 불티나게 팔려서 재판에 들어가더라고요. 그래서 재판 인세를 받아 또 십 프로를 하나님께 드렸죠. 그랬더니 책이 또 금방 다 팔려서 재판에 들어가더라고요. 그렇게 신이 나서 자꾸자꾸 십일조를 내다가 보니까 책이 많이 많이 팔려서 제가 베스트셀러 작가가 되어 있더라고요. 난 그렇게 성공했고 가난뱅이 신세도 면했죠. 그래서 저는 자다가도 예수 하면 눈을 번쩍 떠요. 세상에 예수보다 더 좋은 분이 없더라고요. 그래서 요즘도 예수 잘 믿고 잘 살고 있습니다. 오늘도 전도하는데 격려차 이렇게 온 것 입니다.

김재훈 (경상도에게) 잘 들으셨죠? 이제 예수님을 구주로 믿으시겠어요?

경상도 (둘을 번갈아보며) 설마 짜고 치는 고스톱은 아니겠지예?

이때 장년신사(회장)가 등장한다.

회장 (인사한다) 전도하시느라 수고가 많으십니다.

권은혜 실례지만 누구신가요?

회장 예, 저는 디렌드그룹 회장 차용준입니다.

김재훈 그러세요. 이렇게 만나 뵙게 되어 영광입니다. 근데 어떻게 오셨어요?

회장 자나가다가 전도하고 있는 걸 보고 옛날 생각이 나서 왔습니다. 옛날에는 저도 전도를 열심히 많이 했었어요.

김재훈 그러셨군요. 정말 뜻밖이에요. (경상도를 가리키며) 이 분이 하나님께 돈을 좀 많이 받고 싶으신가 봐요. 하나님께 돈 받은 얘기를 좀 해주세요.

회장 그럴까요.

경상도, 최승환, 권은혜, 김재훈은 회장을 바라보고 있다.

회장 제가 30대 때는 시장 한 켠 노점에서 싸

구려 옷을 펴 놓고

- 천원! 천원! 한 장에 천원! 아 싸다! 완전 공짜다! 천원! 단돈 천원, 하루종일 그렇게 소리 지르며 옷을 팔았어요. 그렇게 팔아서 남은 수익금에서 꼭 꼭 십 프로를 떼서 하나님께 십일조를 드렸죠. 그러니까 하나님이 또 주시고, 내가 드리면 하나님이 또 주시고, 그러다가 살아계신 하나님을 만났죠. 그렇게, 그렇게 돈을 좀 모아서 작은 가게를 하나 얻어서 옷 장사를 했죠. 하나님이 감동하셨는지 너무 잘 되는 거예요. 그야말로 손님들이 구름떼처럼 몰려오는 거예요. 그래서 돈을 제법 많이 모아서 더 큰 가게를 얻고 직원도 10여명 거느리면서 옷을 조금씩 만들어서 팔기도 했죠. 그 직원들은 모두 예수님을 구주로 믿게 했어요. 그래서 아침에 출근하면 하나님께 예배부터 드리고 일을 시작했죠.

경상도 보소, 보소, 회장님, 도중에 말을 끊어서 죄송합니더, 그란데 십일조는 계속 내셨습니껴?

회장 물론이죠, 십일조는 하나님이 만드신 법이에요. 하나님의 법을 잘 지켜야만 하나님이 기뻐하시며 돈을 자꾸자꾸 주죠.

경상도 그래서 우떻게 됐십니껴?

회장 교회에도 잘 다니며 열심히 하나님의 일에 충성했죠. 그랬더니 어느 날 하나님이 나한테 정말 거짓말 같은 큰 보물을 보여줬어요.

경상도 큰 보물? 어떤 보물을 보여줬습니까?

회장 그 무렵에 내가 세상을 가만히 바라보니까 우리나라에 아주 비싼 옷과 아주 싼 옷 주 종류만 있는 거예요. 그것이 내 눈에 보였어요. 순간 내 마음에 아주 비싸지도 않고 싸지도 않는 중간 옷을 개발하여 만들면 잘되겠다 싶은 생각이 들더라고요. 그래서 중간 옷을 개발해서 팔았는데 이게 대박이 난 거예요. 대박이 터진 겁니다. 그래서 승승장구하여 디렌드그룹 회장이 됐죠. 모두 하나님의 은혜로 된 겁니다. 십일조 열심히 잘 내다가 마침내 하나님께 인정을 받게 된 것이죠. (경상도에게) 아직도 하나님이 안 믿어집니까?

경상도 (감동 받은 얼굴로) 아입니더, 아입니더, 확 믿어지내예. 지가 오늘 회장님을 만난 것은 완전 행운입니더, 지도 마 예수 한번 멋지게 믿어볼랍니더.

회장 할렐루야! 제발 그러세요. (김재훈에게 금일봉을 내놓으며) 이건 전도비용으로 쓰세요. 부족하면 나중에 또 연락을 주세요.

김재훈 이거 정말 받아도 됩니까?

회장 모두 하나님 돈이에요. 열심히 전도하시고 복도 많이 받으세요. 저는 바빠서 이만...

회장, 바삐 퇴장한다.

김재훈 (회장을 향해) 감사합니다.

권은혜 하나님께 더 큰 축복 받으세요.
경상도 (권은혜에게) 내는 마 오늘 등록하고 갈랍니더, 등록은 우예합니껴?
권은혜 이쪽으로 오세요.

경상도, 탁자 앞으로 간다.

최승환 (인사한다) 권사님, 집사님 수고하세요 저도 이만 가보겠습니다.
권은혜 그러세요. 집사님 바쁘신데 와 주셔서 정말 감사해요.

최승환, 인사하고 퇴장한다.
경상도, 등록하고 퇴장한다.

김재훈 (권은혜에게) 권사님, 오늘은 완전 횡재하는 날이네요.
권은혜 그러게 말예요. 전도비가 따름따름해서 어쩌나 걱정했는데 하나님이 회장님을 보내셔서 돈 주시네요.
김재훈 경상도도 구원했잖아요.
권은혜 오늘은 완전 짭짤한 날이네요.
김재훈 호사다마라 했는데 조심해요, 우리...
권은혜 그래요, 끝까지 긴장합시다.

그때 미친여자, 머리를 풀어 헤치고 등장한다.
권은혜, 김재훈 화들짝 놀라며 바라본다.
미친여자, 눈을 희번뜩거리며 두 사람을 향해 삿대질하며 소리를 지른다.

미친여자 이 미친 년놈들아! 니들 여기서 뭐하는 짓거리야! 이 미친 것들아, 왜 예수를 믿어라는 것이야! 머리꺼댕이를 확 뽑아버릴까부다! 당장 여기서 꺼져! 내 눈 앞에서 냉큼 사라지라고!

미친여자 째려보며 삿대질을 한다.
권은혜, 김재훈, 안절부절 못한 표정으로 바

라보고 있다.

미친여자 (더욱 험악하게) 이 년놈들이 내 말을 안 듣네. 이것들이 눈알이 확 뽑혀봐야 아, 우리가 왜 진작 도망치지 않았나, 그렇게 후회할 거야! 이 년 놈들아, 뭘 멀뚱히 봐. 진짜 눈알을 확 뽑아 버릴까보다! (확 다가선다)

권은혜 (위기의 순간 소리친다) 이 못된 귀신아, 예수님의 이름으로 명하노니 당장 그 여자에게서 나가거라! 썩 나가!

순간, 미친 여자가 벼락이라 맞은 듯 핵 꼬꾸라지며 주저앉는다.
권은혜, 김재훈, 놀라서 미친 여자를 보고 있다.
미친여자, 정신을 가다듬고 두 사람을 잠시 바라본다.

미친여자 (이윽고) 나한테서 귀신이 나갔어요.

김재훈　귀신이 나갔다고요?

미친여자 아, 편안하다. 난 이제 살았어요. 예수님이 나를 살려줬어요. 아, 난 이제 살았다.

　　　　권은혜, 김재훈, 꿈이 아닌가 하는 표정으로 여자를 바라보고 있다.
　　　　미친여자, 환희에 찬 표정으로 벌떡 일어나서 (살았다, 난 살았다) 소리를지르며 춤을 추며 퇴장한다.
　　　　무대에 잠시 야릇이 정적이 흐른다.

김재훈 (이윽고 권은혜에게) 권사님이 해냈어요. 권사님이 예수님의 이름으로 귀신을 쫓아 냈다고요.

권은혜 나도 믿어지지 않아요, 두려워서 너무 두려워서 나도 모르게 소리쳤는데, 성령님이 귀신을 쫓아냈어요.

김재훈 할렐루야! 권사님이 마침내 능력 받으셨어요.
권은혜 전도자는 사도바울처럼 능력을 준다더니 진짜 하나님이 함께 하셨어요.
김재훈 우린 이겼어요. 우리 힘내요!
권은혜 (한 곳을 보고) 저기 사람들이 와요.
김재훈 (후딱 바라보며) 예수 믿으세요. 예수 믿으세요. 예수님은 당신을 많이 사랑하고 있습니다.

행인19(남자)가 등장한다.

김재훈 예수 믿으세요.
행인19 예수를 믿느니 개뼈다귀를 믿겠네!

행인19, 침을 탁 뱉으며 퇴장한다.
행인20(여자)이 등장한다.

권은혜 커피 한 잔 드시고 가세요.
행인20 난 커피라면 이 갈리는 사람이야!

권은혜 왜 이가 갈려요?
행인20 먹기 싫으니까!

행인20, 소리치고 퇴장한다.

권은혜 (한숨 쉬며) 복 받기 싫은 사람은 제 발로 굴러오는 복도 차고 간다니까.
김재훈 (다가와서) 저기 미소엄마가 오고 있어요.
권은혜 미소엄마가 누구에요?
김재훈 왜 있잖아요. 남편은 알콜 중독자라 날만 새면 술 마시러 가고 미소엄마가 착해서 이혼도 않고 떡장수해서 미소와 미미 두 아이를 키우며 살고 있잖아요.
권은혜 으응, 철이네 뒷집에 사는…
김재훈 예, 그분이 미소엄마에요.

미소엄마, 떡을 담은 큰 양동이를 이고 등장한다.

김재훈 미소엄마, 안녕하세요.
미소엄마 (멈추고 보며) 누구시죠?
김재훈 미소와 친구인 동훈이 아버집니다
미소엄마 어머, 그러세요.
김재훈 커피 한 잔 드시고 가세요.
미소엄마 그럴까요.

　　　　미소엄마 양동이를 내려놓는다.

권은혜 (커피를 주며) 많이 힘드시죠?
미소엄마 (커피를 받아 마시며) 힘들기는요. 매일 하는 일인데요
권은혜 미소아빠 때문에 많이 속상하겠어요.
미소엄마 일이년 그런 것도 아니라서 지금은 아무렇지도 않아요.
김재훈 미소아빠 때문에 혹시 점 같은 것 보신 적 있으세요?
미소엄마 점도 많이 쳐봤죠?
김재훈 그러니까 점쟁이가 뭐래요?

미소엄마 미소아빠한테 술 귀신이 붙어서 그렇다면서 굿을 하랬어요.

김재훈 그래서 굿을 했습니까?

미소엄마 안 할라니까 자꾸 하라고 해서 3백만 원을 드려서 굿을 했어요.

김재훈 삼백만 원씩이나 줬어요?

미소엄마 그것도 깎은 거예요. 첨에는 천만 원 내라고 하더라고요. 10억짜리 굿도 있대요.

김재훈 세상에? 그래서 굿을 하고 나니까 술 귀신이 확 떨어져나가던가요?

미소엄마 나가기는 뭐가 나가요. 돈만 3백 버렸죠. 순 사기꾼들이었어요.

김재훈 귀신이 안 나갔으면 돈을 도로 달라고 해야지요.

미소엄마 그 아귀 같은 점쟁이가 돈을 줍니까. 날 도로 잡아먹으려고 했어요.

권은혜 세상에, 세상에! 뭐 그런 파렴치한이 다 있다지.

미소엄마 세상이 요지경 같아요.

권은혜 미소엄마, 예수님을 구주로 한번 믿어보세요.

미소엄마 예수를 믿는다고 그놈의 술 귀신이 나가겠어요.

권은혜 미소엄마, 우리 목사님이 그러셨는데요. 귀신들은 예수 이름만 들어도 일곱 길로 다다닥 도망을 간대요. 성경에 그렇게 되어 있대요. 그러니까 이참에 예수님 한번 믿어보세요.

김재훈 그러세요, 참 미소엄마, 아까 우리 권사님이 미친 여자한테 예수님의 이름으로 명하노니 귀신아 나가거라 했는데 진짜 귀신이 나갔어요. 미친 여자가 우리한테 고맙다는 인사하고 갔어요.

미소엄마 진짜에요?

김재훈 우리가 왜 거짓말을 해요. 하늘이 시퍼렇게 눈을 뜨고 우리를 바라보고 있잖아요.

권은혜 사실이에요. 미소엄마, 이판사판공사판일

때는 예수님을 구주로 믿는 거예요. 교회에는 돈 내라고도 안 해요. 그냥 오기만하면 되는 거예요.

미소엄마 진짜에요? 진짜 돈 안 내고 가도 돼요?
권은혜 예! 오기만하면 돼요.
미소엄마 그럼 요번 주일에 교회에 한번 가볼게요.
권은혜 잘 생각하셨어요.
미소엄마 그럼 전 시간이 없어서 이만...

미소엄마, 양동이를 머리에 인다.
김재훈, 옆에서 도와준다.
미소엄마, 인사하며 퇴장한다.

권은혜 주일에 <하늘아래교회>에 꼭 오세요.
김재훈 (미소엄마가 산 곳을 바라보며) 꼭 오실 겁니다. 느낌이 확 와요.
권은혜 제발 왔으면 좋겠어요. 오셔서 행복해졌으면 좋겠어요.

김재훈 (한 곳을 보고) 저기 또 와요.

두 사람 황급히 몸을 가다듬고

두 사람 예수 믿으세요. 예수님은 당신을 많이 사랑하고 계십니다.

행인21(남자)이 등장한다.

김재훈 예수 믿으세요.
행인21 싫어요. 난 우리 엄마 믿을래요.
김재훈 왜 엄마를 믿어요?
행인21 우리 엄마 돈 많아요 히히

행인21, 히죽거리며 퇴장한다.
행인22(여자) 등장한다.

권은혜 커피 한 잔 드시고 가세요.
행인22 (본다) 공짜에요?

권은혜 예, 공짜에요.
행인22 난 공짜는 안 마셔요.
권은혜 그럼 돈 주고 마셔요

    행인22, 퇴장한다.

권은혜 원 별 싱거운 사람...

    행인23(여자)이 등장한다.

권은혜 예수 믿으세요.
행인23 난 천주교 믿어요.

    행인23, 퇴장한다.
    50대의 주걱턱 남자가 등장한다.

권은혜 커피 한 잔 드시고 가세요.
주걱턱 (멈추고 바라보며) 커피 한 잔 얼마요?
권은혜 돈 안 내시고 드시는 커피에요.

주걱턱 그럼 공짜네요.
권은혜 예, 공짜에요.
주걱턱 한 잔 주세요.
권은혜 (좋아서) 예, 예. (얼른 커피를 준다)
주걱턱 고맙소(받아서 한 모금 마시고) 교회에서 나왔소?
권은혜 예.
주걱턱 이렇게 전도하시면 한 달에 월급은 얼마나 줍니까?
권은혜 (쿡 웃고) 월급은 한 푼도 안줘요.
주걱턱 돈도 안 받고 왜 이런 힘든 일을 하세요?
권은혜 사장님, 만일 사장님께서 어떤 강가를 지나가는데 누가 물에 빠져서 살려달라고 하면 그냥 못 본척하고 지나가실 거예요. 아니면 그 사람을 물에서 건져주실 건가요?
주걱턱 당연히 건져줘야죠.
권은혜 사장님, 사람이 예수를 안 믿고 죽게 되면 유황불이 이글거리는 지옥에 가게 되어요.
주걱턱 그래서 사람들을 예수 믿게 해서 지옥에

안 가게 하겠다, 이런 말입니까?

권은혜 잘 아시네요. 예수 믿으세요?

주격턱 예수는 안 믿지만 그 정도는 알죠. 그런다고 월급도 안 주는데 이런 일을 계속해요?

권은혜 하나님 아버지는 이 천지만물의 주인이에요. 유황불에 들어갈 자기의 아들과 딸을 살려주면 사례비를 줄까요? 안 줄까요?

주격턱 사례비요?

권은혜 만일 사장님의 아들이 물에 빠져 죽어가는 것을 제가 건져 줬다면 사장님은 저한테 사례비를 줄 거예요, 안 줄 거예요?

주격턱 그야 당연히 사례비를 드려야죠.

권은혜 사람도 사례비를 주는데 만물의 주인인 하나님이 사례비를 안 주겠어요, 당연히 주죠. 그것을 두고 교회 말로는 복을 받는다. 그래요. 복 받을 짓을 하면 복을 받게 되죠.

주격턱 그럼 복을 받으려고 이렇게 월급도 안 받고 일을 하세요?
권은혜 세상에 복을 싫어하는 사람은 한 사람도 없어요. 그치만 꼭 복을 받으려고 하는 것은 아니에요. 사장님, 세상에서 가장 의리 있는 분이 누군지 아세요?

주격턱 누굴까요?

권은혜 세상 모든 사람들이 지은 죄를 용서받게 해 주기 위해서 십자가에 못 박혀 죽은 예수님이세요. 의리하면 예수님이세요.

주격턱 그래서 복도 복이지만 예수님처럼 의리 있게 살기 위해서 월급도 안 주는 일을 한다, 뭐 그런 말이네요.

권은혜 사장님, 대단하시네요. 예수 믿으세요. 그러면 복도 받고 천국에도 가게 되어요.

주격턱 실은 나도 예수 믿고 싶기는 싶은데…

권은혜 그런데요?

주격턱 교회에 가기가 싫어요. 교회에 안 가고 그냥 집에서 예수를 믿으면 안 될까요?

권은혜 교회에 가기가 왜 싫으세요?

주걱턱 바쁘기도 하지만... 교회에 나가는 건 어쩐지 좀 쪽팔려서...

권은혜 사장님, 교회는 예수님의 머리라고도 하고 몸이라고도 해요. 그래서 예수님을 구주로 믿는 사람들은 아무리 바빠도 주일에 한번은 꼭 교회에 나가 예배를 드리고 가셔야 해요. 그래야 하나님이 기뻐하시고 복도 줘요.

주걱턱 예, 잘 알겠습니다. 생각해보고 마음이 내키면 교회에 가겠습니다. 커피 잘 마셨습니다.

주걱턱, 인사하고 퇴장한다.
행인24(남자) 등장한다.

김재훈 예수 믿으세요.

행인24 (인상 쓴다) 길거리가 와 이렇게 시끄럽노! 길거리 전세 냈나!

김재훈 (얻어맞은 듯)...

행인24 예수 조용, 조용 믿으믄 누가 뺨 때리나, 에이 재수 없어!

행인24(남자) 야유하고 퇴장한다.
행인25(여자) 등장한다.

권은혜 커피 한잔 드시고 가세요.
행인25 (인상 쓴다) 커피 못 먹고 죽은 귀신 있나유. 커피는 그쪽이나 많이 드세유. 난 천주교 믿어유

행인25, 퇴장한다.
60대 남자(왕보살)와 행인26이 일행으로 등장한다.

권은혜 예수 믿으세요.
행인26 (멈추고 보며) 커피는 주시는 것이니까 마시고 가겠는데요. 예수는 못 믿어요.
권은혜 (커피를 주며) 예수는 왜 못 믿어요?

행인26 우리 집은 3대째 불교를 믿는 집안이라 예수를 믿으면 안돼요.

강 장로, 느닷없이 등장한다.

강장로 불교 그거 믿지 마세요. 중놈들은 모두 도둑놈 아니면 사기꾼이에요!
왕보살 (발끈한다) 뭐유? 시방 무슨 말씀하시는 거유? 도둑놈 아니면 사기꾼이라고유? 그게 말이 돼유!
강장로 (표정을 부드럽게) 불교 믿으시나 봐요?
왕보살 그래유, 나도 불교 믿어유, 우리 집사람은 왕보살이에유!
강장로 아, 그러시군요. 저도 옛날에는 불교를 열심히 믿었어요. 불교를 믿는다니까 한마디 묻겠는데요. 부처님이 무슨 뜻인지 아세요?
왕보살 (모르는 듯) 부처님이 무슨 뜻이 있어유, 부처님은 그냥 부처님이지유.

강장로 잘 모르시는군요. 국어사전에 보면요. 부처님은 마음이 어질고 순하고 조용한 사람이라고 되어 있어요. 선생님, 한번 생각해 보세요. 마음이 어질고 순하고 조용한 우리하고 똑같은 사람이 사람한테 어떻게 복을 줄 수가 있겠습니까? 없어요. 그런데 이 중놈들이!

왕보살 (흥분) 또 중놈들이유?

강장로 오해마세요. 제가 말하는 중놈들은 땡 중을 말하는 겁니다.

왕보살 땡중이라니유?

강보살 절이 뭐하는 곳인 줄 아세요? 태권도 도장에 가면 태권도를 가르치듯 절은요, 불학을 공부하는 도장이에요. 불학은 일종의 철학인데요. 한마디로 말하면 깨달음을 공부하는 곳이에요. 그래서 불교는 사람이 누구든지 깨달으면 부처가 된다고 가르쳐요. 그래서 스님들이 깨닫기 위해서 목탁을 두드리며 불경을 외우는 거예요. 깨달아서 해탈하면 즉 열반에 들면 부처가 되는 겁니다. 그 부처님이 바로 마음이 어질고 순하고 조용한 사람입니다.

왕보살 (관심을 가지고) 그래서유?

강장로 생각해 보세요. 자기들이 깨달음을 공부하고 있는데 우리가 시주해야 될 까닭이 없잖아요. 하지만 사람들이 시주를 안 하면 굶어죽잖아요. 그러니까 이 중놈들이 사람들을 속이는 겁니다. 유교에 나오는 사주팔자니 또는 관상이나 손금, 심지어는 토정비결 같은 잡기를 공부해가지고는 여자가 하나 절에 오면 지긋이 바라보다가
- 다 좋은데 한 가지가 나쁘구만...
그러면 여자가 깜짝 놀라서 스님 뭐가 나쁘냐고 바지가랭이 잡고 매달리면
- 남편 복도 있고 자식 복도 있고 재물 복도 있는데 명이 좀 짧겠구만... 그러면 여자가 어떻게 하면 명을 길게 할 수 있느냐고 길을 가르쳐 달라고 사정사정하며 매

달리면

- 방법이 있기는 딱 하나가 있는데... 그러면 여자가 그 방법이 뭐냐고 시주는 얼마든지 할 테니까 제발 그 방법을 좀 가르쳐달라고 울고불고 매달리면 지그시 눈을 감고 한참 생각하는 척하다가
- 집 옆에 칠성당을 짓고 조석으로 기도하면 명이 길어지겠소. -

그러면 여자는 고맙다는 인사를 일백 번도 더하고는 가서 집 옆에 칠성당을 짓고 조석으로 죽으라고 기도합니다.

그런데 이 중놈이 그 여자의 관상을 볼 때는 관상이 너무 좋아서 말뚝보고 절해도 세상 부러울 것 없이 건강하게 오래오래 잘 살 팔자인데, 이 중놈이 돈을 뜯으려고 그런 거짓말을 했던 것입니다.

그런데 그 여자는 정말 칠성당 때문에 잘 되는 줄 알고 절에다 시주를 발이발이 실어다 나르는 것입니다

왕보살 스님마다 다 그러는 것은 아니잖어유.
강장로 물론입니다. 고산에 칩거하고 사는 진짜 스님은 병자가 병을 고치겠다고 절에 오면 여기는 병 고치는 곳이 아니니 교회에 가라고 해요. 복 받게 해달라고 하면 여기는 복을 주는 곳이 아니니 복을 받고 싶으면 예수 믿고 교회에 다니라고 해요. 절은 깨달음을 공부하는 곳이라고 솔직히 말해요. 그런데 욕심이 목구멍까지 차오른 땡중들이 병도 고친다. 복도 받는다면서 못된 짓거리를 해요.
왕보살 또 무슨 짓을 했는데유?
강장로 선생님, 풍수지리설을 누가 만든 줄 아세요? 옛날에 도선대사라는 유명한 대사가 만들었어요. 그런데 이 풍수지리설이란 것이 또 얼마나 허무맹랑한 줄 아세요. 왕이 태어날 자리에 묘를 썼으면 왕이 태어나야 되잖아요. 그런데 바보가 태어났어요. 그러면 왕이 태어날 자리에 묘를 썼는데 왜 바보가 태어났느냐고 따지겠죠. 그러면 지관이 뭐라는 줄 아세요.

- 원래 이 자리는 왕이 태어날 자리인데 이 자리에서 왕이 태어나려면 여기 묻힐 사람이 살았을 때 선한 일을 많이 해야 되는데 살았을 때 악한 일을 많이 해서 바보가 태어났다. 이렇게 죽은 조상까지 나쁜 사람으로 만듭니다. 이렇게 나쁜 놈들이 바로 돌팔이 땡중들입니다. 내가 더 말할까요?

왕보살 (갑자기 항복한다) 됐소. 내가 졌소! 아 대단한 분이시내유. 무슨 철학자 같으시내유. 내가 졌소. 졌다고유

강장로 그럼 예수 믿으시겠어요?

왕보살 예수는 안 믿지만.. 아, 대단한 분이시네유 (행인26에게) 가세!

왕보살, 행인26을 데리고 퇴장한다.

강장로 (그들의 등 뒤에 소리친다) 예수 믿으세요. 그래야 복을 받습니다. 진짜 복을 주시는 분은 하나님 한 분뿐이십니다!

권은혜 (놀란 표정) 장로님, 대단하시네요.

강장로 제가 옛날엔 불교 진골이었습니다. 불교라면 제가 너무 잘 알아요. 마하 반야밀타심경... 불교에는 구원이 없어요, 구원을 받으려면 반드시 예수님을 구주로 믿어야 됩니다. 그게 복음입니다.

김재훈 저도 깜짝 놀랐어요. 그분 항복하는 거 봤죠. 장로님은 정말 대단하시네요.

강장로 칭찬 듣자고 한 일이 아닙니다. 그러면 두 분 수고 많이 하시고 하나님한테 사례비 많이 받으세요.

김재훈 장로님, 감사합니다.

권은혜 장로님, 안녕히 가세요.

강장로, 호기롭게 퇴장한다.

김재훈 (한 곳을 보고) 권사님, 또 손님 옵니다.
권은혜 (보고) 예수 믿으세요.

행인 두어 명이 등장하여 그들을 외면하고 바삐 지나가서 퇴장한다.
행인27(여자)이 등장한다.

권은혜 커피 한 잔 드시고 가세요.
행인27 (냉정하게) 와인 없어요?
권은혜 율무차 있는데요.
행인27 다음엔 와인을 준비해두세요.

행인27, 퇴장한다.

김재훈 (다가와서) 왜 와인을 찾지? 심술골 놀부님인가?
권은혜 침은 안 뱉고 가니 그래도 양반이네요.
김재훈 왜 그렇게 예수님이 믿기 싫으실까?

이때 행인28(남자) 등장한다.

김재훈 커피 한 잔 드시고 가세요.
행인28 웬 꾀꼬리 울음소리야! 꿈자리가 사납더니 꾀꼬리가 우네. 꾀꼴! 꾀꼴!

행인28이 퇴장한다.

김재훈 예수 믿으세요. 예수 믿으세요.

행인 두 명이 등장한다.
김재훈, 전도지를 준다.
행인 한 명은 홱 외면하고 가다가 퇴장한다.
행인 한 명은 전도지를 받아서 몇 발 가다가 보라는 듯이 던져버리고 퇴장한다.

김재훈 (낙심하지 않고) 예수 믿으세요. 예수 믿으세요. 예수님은 당신을 사랑하고 있습니다.

40대의 눈이 큰 여자(왕눈이)가 등장한다.

김재훈 (상냥하게) 커피 한 잔 드시고 가세요.
왕눈이 (멈추고 딱 바라보며) 커피를 공짜로 주는 깁니꺼?
김재훈 예, 공짜에요. 드릴까요?
왕눈이 비싼 커피를 왜 공짜로 줍니꺼?
김재훈 커피 마셔보시고 마음이 따뜻해지면 예수님을 구세주로 믿으라고 드리는 거예요.
왕눈이 와 예수를 믿으라는 깁니꺼?
김재훈 예수님은 인류의 구세주입니다.
왕눈이 구세주가 뭡니꺼?
김재훈 사람들이 죄를 많이 지었어요. 그 죄를 씻어 주려고 스스로 십자가에 달려 죽었어요. 그래서 예수님을 구주로 믿고 회개하게 되면 예수님의 흘린 피가 사람의 죄를 씻어 줍니다.
왕눈이 뭐라꼬요? (태도가 돌변하여) 당신 사기 완전 잘치뿌네!

김재훈 사기를 치다니요?

왕눈이 (들고 있던 신문을 스크랩한 노트를 김재훈의 코밑으로 들어 보인다.) 보소! 이거 좀 똑바로 보소! 이 거는예. 예수 믿는 사람들이 못된 짓을 하다가 잡혀서 신문에 난 것을 지가 스크랩해 놓은 기라예.

김재훈 (얼굴을 붉히고)...

왕눈이 (손으로 가리키며) 요 첫 번째 요 인간이 무슨 짓을 했는지 알아예? 요 인간이 글쎄 찜질방 지으면서 이용원, 미용실, 떼밀이, 간이식당을 할라는 사람들한테 계약금 쪼로 돈을 받았는데예. 한 사람 두 사람이 아닌 기라예. 무려 40명 한테 돈을 받은 기라예, 한마디로 사기를 친 기라예.

김재훈 지금 무슨 말씀을 하시는 거예요?

왕눈이 요 인간이, 요 사기꾼이 예수 믿는 인간인 기라예. 요 인간이 예수를 믿어도 신출래기가 아니라 장로래나 뭐래나 계급도 높은 기 고마 그런 사기를 친기라예. 요런 인간이 있는데도 시방 나보고 예수 믿으라는 말이 나와예?

김재훈 나는 그 분과 아무 상관도 없어요.
왕눈이 (김재훈을 무시하고) 요 인간 뿐이라믄 지가 말을 안 해예. 요 두 번째 인간, 요 인간 좀 보소. 요 인간은 무슨 짓을 했는지 알아예? 요 인간은 글쎄 계주를 한 기라예. 예수를 믿는다면서, 교회에서 권사라면서, 천사처럼 행동하면서 백 명도 넘는 사람들한테 사기를 친 기라예. 부자들 등을 쳤다카믄 지가 말도 안 해예. 가난하고 불쌍한 사람들의 등줄기를 쳐서 돈을 뺄 수 있는 데까지 다 빼가지고 야반도주했다가 경찰한테 목덜미를 딱 잡힌 기라예. 요런 못된 인간이 예수 믿는 인간이라예!
김재훈 아주머니, 지금 무슨 말씀을 하시는 거예요?
왕눈이 나보고 예수 믿으라고 했잖아예. 예수님이 구세주라고, 십자가에 매달려 피를 흘리며 죽어서 구세주가 되었다면서 나보고 예수 믿으라고 했잖아예.

김재훈 그랬는데 그게 뭐가 잘못됐어요?

왕눈이 잘못됐지! 내가 한 둘이면 말을 안 해예. 세 번째 인간, 요 인간은 또 어떤 인간인지 알아예. 요 인간은 장애인학교 교장이라예, 그런 인간이 장애인 여자애들을 성 노리개로 삼았다고 했어예. 이게 이 인간이 마귀지 사람인가예. 요 인간도 장로인가 뭔가 된다고 했네예. 세상에 뭐 이런 인간이 다 있는지 몰라예. 나보고 예수 믿으라고예? 예수 믿고 무슨 인간이 되라고 예수 믿으라고 합니껴? 사기꾼 되라는 깁니껴? 도둑놈 되라는 깁니껴?

김재훈 (정색하고) 그래서 결론이 뭐예요? 저한테 하고 싶은 말이 도대체 뭐예요?

왕눈이 (무시하고) 네 번째 요 인간! 요 인간은 또 뭔지 알아예. 요 인간은 목사라고 나오네예. 목사라는 인간이 이웃집 유부녀와 바람이 났네예. 부인이 신고해서 쇠고랑 찼네예. 아이고 이런 지옥에서 통닭구이 될 녀석들이 예수를 믿어라고 하니 기가 차고 매가 차고 오토바이가 행인을 치네!

김재훈 아주머니, 괜히 여기서 이러시지 마시고 그냥 가던 길 가세요.

왕눈이 (딱 버틴다) 못가! 와 내쫓아예. 예수님이 구세주인데 끝까지 믿으라고 하지 와 가라고 쫒아예. 부끄러워예. 뭐가 콕콕 찔립니꺼? 찔려서 아파 못 견디겠으니까 쫓아내는 겁니꺼?

김재훈 (다시 정색하고) 아주머니, 제가 한마디 묻겠는데요.

왕눈이 두 마디 물어도 됩니더.

김재훈 아주머니, 대한민국 사람 중에 누군가가 사기를 쳤으면 대한민국이 사기 치는 국가가 됩니까? 대한민국 사람 중에 누군가가 성범죄를 저질렀으면 대한민국이 성범죄 국가가 됩니까?

왕눈이 그건 아니지예!

김재훈 그렇습니다! 그건 아닙니다. 마찬가지예요. 예수 믿는 사람 중에 누군가가 사기를 쳤다고 예수 믿는 사람이 모두 사기꾼이 되는 건 아니잖아요. 예수 믿는 사람 중에 누군가가 성범죄를 저질렀다고 예수 믿는 사람이 모두 성범죄자자가 되는 게 아니잖아요.

왕눈이 맞심더. 그건 아니라예.

김재훈 그건 아닌데, 분명히 아닌데 아주머니는 지금 예수 믿는 사람들을 모두 사기꾼이나 성범죄자로 몰고 있잖아요. 이래도 되는 거예요? 이건 분명히 명예훼손이에요.

왕눈이 (눈을 떡 부릅뜨고 대든다) 뭐라꼬? 명예훼손이라꼬? 이 아자씨야, 시방 이 문제가 와 터졌노? 아자씨가 날 보고 예수 믿으라고 했기 때문에 터진 기야. 사건의 발단이 우떻게 된 긴지 모리겠나?

김재훈 예수 믿기 싫으면 그냥 가세요. 그냥 가시면 되잖아요.
왕눈이 못 가! 니가 가라고 한다고 내가 가고 니가 오라고 한다고 올 내가 아니야!
김재훈 왜 반말을 하고 그러세요?
왕눈이 반말이 뭐 어짜고 어째? 이 아자씨가 시방 나하고 한판 붙자 이기가? 한판 붙어봐!
권은혜 (급히 와서 만류한다) 아주머니, 진정하세요. 진정하시고 좋게 말씀하세요.
왕눈이 내 같은 여자니까 말하는 데예. 내가 어지간 하믄 말을 안 해예! (스크랩에 손가락질을 하며) 요 인간, 요 다섯 번째 요 인간! 요 인간이 어떤 인간인지 알아예. 요 인간은 예수 믿어라 해놓고 아이들을 모아다가 성매매를 알선했어예. 요 인간을 보믄 내가 치가 덜덜덜 떨려예. 우떻게 21세기에 예수 믿는 인간이 요런 추잡한 짓을 할 수가 있어예! 입이 있으면 말을 한 번 해 보소 말을 한번 해 보라고요!

김재훈 (태도를 바꾼다) 아주머니, 제가 말을 잘못 했으면 용서하세요. 저도 아주머니를 충분히 이해할 수 있어요. 그런데요. 예수를 믿는다고 하루아침에 모두 예수님처럼 되는 것이 아니에요. 알고 계실지 모르겠습니다만 예수님 제자였던 가룟 유다는 예수님을 은 몇 푼에 팔아먹기도 했어요. 그게 인간이에요. 지금 우리 나라에 예수 믿는 사람이 천삼백 만이 넘어요. 십만 이십만 되는 단체에서도 범죄자들이 속출하고 있는데 천삼백 만이나 되는데 어떻게 범죄자가 안 나올 수가 있겠습니까. 하지만 그것은 어디까지나 개인적인 문제지 전체의 문제는 아닙니다.

왕눈이 그렇게 말하지 마소! 그런 사람이 안 나오도록 철저히 단속을 해야지. 전체의 문제가 아니라고 발뺌을 할 일이 아니라고 봐예!

김재훈 맞습니다! 아주머니, 그런데요. 자기가 낳고 기른 자식도 자기 맘대로 안 되는데 천 삼백만 명이나 되는 사람들을 어떻게 맘대로 할 수가 있겠습니까? 죄를 지었다가 뉘우치고 죄를 지었다가 뉘우치고 그러다가 마지막엔 예수님 닮은 사람이 되는 사람도 많아요. 사람은 모두 부족하고 불완전해요. 그렇기 때문에 예수님을 믿는 거지요. 그런데요. 아주머니, 아주머니 중요한 사실은요. 그래도 예수 안 믿는 사람이 저지른 범죄에 비교하면 예수를 믿는 사람이 범죄를 저지른 사람은 아주 조금밖에 안된다고 해요.

왕눈이 됐고예! 그런다고 내가 예수 믿을 사람은 아니라예! 나는 죽을 때까지 예수 안티가 될 거라예!

   이때 표범처럼 사납게 생긴 사십대 여자가 황급히 등장하여 다짜고짜 왕눈이의 머리채를 휘어잡고 험한 얼굴로 욕을 퍼붓는다.

표범 이 년, 너 이 년! 오늘 잘 만났다! 썩을 년! 썩어 문드러질 년! 내 저쪽에서 다 봤다. 뭐라고? 예수 믿는 사람이 뭐 어째? 너 이 년, 너는 천사 같더구나! 이 년아, 네가 바로 계주잖아! 네가 바로 내 돈 사기치고 야반도주했잖아! 이 년 아, 돈 내놔! 이 썩을 년아. 당장 내 돈 내놔!

왕눈이 (비명을 지른다) 아야야! 사람 죽이네. 아야야. 사람 살려!

김재훈 (말린다) 때리지 말고 말로 하세요.

표범 (씨근거리며) 이 년, 이것은 말로해서는 될 년이 아니에요. 이 년이 이게 바로 가짜 예수쟁이에요. 이 년이 이게 글쎄 우리 교회에 와서는 새벽예배에도 잘 참석하고 구역예배에 잘 나오고 성경말씀도 모르는 게 없어요. 그래서 우리는 예수 잘 믿는다고 존경하기도 했어요. 그런데 이 년이 우리를 모두 홀딱 속여 놓고 시장에서는 계주를 하면서 사기를 치고, 교회에서는 사업을 한다면서 돈을 빌려서는 야반도주를 한 년이에요. 이 년이, 내가 어지간해서 육두문자는 안 쓰는데 이 년, 요 못된 인간은 육두문자 안 쓸 수가 없어요. 개 같은 년! 거머리라도 아주 왕 거머리 같은 년! 너 이년, 오늘 지금 나하고 당장 경찰서에 가자! 가서 너하고 나하고 아주 끝장을 보자고, 이 년아!

왕눈이 (엄살떤다) 아이고고, 아야야 사람 죽네. 사람 죽이네.

표범 죽어! 차라리 죽어! 너 같은 왕 거머리는 차라리 뒈져야 돼! 너 같은 사기꾼은 뒈져야 돼. 그래야 세상이 편해. 죽어! 죽어 이 년아!

그런 어느 순간, 왕눈이가 표범의 손을 확 뿌리치고 후다닥 정신없이 내빼다가 퇴장한다.

표범 (소리치며 따라간다) 네 이 년 게 섰지 못

해! 도둑년 잡아라! 도둑년 잡아라!

표범, 뛰어가다가 퇴장한다.
김재훈, 권은혜, 얼떨떨한 표정으로 바라보고 있다.

권은혜 (이윽고) 똥 낀 년이 성낸다더니 가짜가 가짜 흉을 보고 다녔잖아요.
김재훈 안티란 인간들이 대부분 그래요. 자기가 쿠리니까 쿠린 것을 감추려고 천사인 척한다니까요.
권은혜 말세는 말세야. 아휴...
김재훈 우리 기죽지 말고 전도해요.
권은혜 구더기 무서워서 장 못 담글까 (큰소리로) 예수 믿으세요. 예수 믿으세요. 예수님은 당신을 사랑하고 있습니다.

이때 40대의 알콜 중독자가 술이 잔뜩 취해서 비틀거리며 등장한다.

김재훈 예수 믿으세요.

알콜 (멈추고 확 째려본다) 너 뭐야 새끼야. 뭔데 예수를 믿으라고 개지랄이야! 이 개 거지 같은 새끼야!

김재훈 (사과한다) 죄송합니다. 예수 믿기 싫으시면 그냥 가세요.

알콜 뭐야, 이 새끼야? 그냥 가세요? 이 새끼가 이게 사람을 차별하고 지랄이야. 이 새끼야, 난 예수 믿으면 네 배꼽에서 털 나냐? 왜 그냥 지나가라는 거야?

김재훈 섭섭하셨군요. 그러시다면 예수님을 구세주로 믿으세요.

알콜 안 믿어! 난 예수 그따위 위인을 안 믿는다고!

김재훈 믿기 싫으면 그냥 지나가세요.

알콜 못가, 이 새끼야! 내가 왜 오늘날 요 모양 요 꼴이 된 줄 알아? 예수 믿는 새끼들 때문에 요 모양 요 꼴 됐다고, 새끼야.

김재훈 지금 무슨 말씀을 하시는 거예요?

알콜 개새끼들! 내가 이십 때부터 삼십 때까지 장로라는 새끼 밑에서 일했어. 그런데 그 새끼가 구렁이처럼 내 월급을 몽땅 꿀꺽 삼키고는 내뺏어. 그 개새끼가 내 월급 꿀꺽 삼키고 삼십육계 줄행랑을 쳤다니까!

김재훈 됐어요. 됐으니까 제발 그만하고 가세요.

알콜 어? 이 새끼 봐라. 새끼야, 네가 뭔데 나를 가라마라 지랄이야, 지랄이! 너도 돈 떼먹은 일 있어? 그래서 뭐가 찔리냐? 이 새끼야, 너도 똑 같은 새끼야. 예수 믿게 해놓고 내 돈 떼 처먹으려고 유혹하고 있는 거잖아.

김재훈 (곤혹스럽다) 유혹한다 생각되시면 그냥 가던 길이나 가세요. 제발 그만 하시라고요

알콜 난 그만 못해! 절대로 그만 못해! 내가 오늘날 요렇게 된 것은 순전히 예수 믿는 새끼들 때문에 요렇게 됐다니까! 예수 믿는 새끼가 내 월급 다 꿀꺽하고 예수 믿는 새끼가 내 돈 빌려가서 몽땅 떼먹고 내빼는

바람에 난 하루아침에 신용불량자가 됐어. 그래서 내가 예수 믿는 새끼들을 보면 모두 잘근잘근 씹어서 소주와 함께 확 마셔버리고 싶다니까. (김 재훈의 멱살을 확 꼬나잡고) 너 이 새끼,. 오늘 잘 만났어. 너 오늘 초상 날인 줄 알아. 초상나면 너는 천국 가겠네. 너 이 새끼, 오늘 천국 가는 날인 줄 알아.

김재훈 (겁에 질려서) 놔요! 이거 놓으세요.
알콜 놓으라고? 이 새끼야, 겁내지 말고 오늘 그냥 천국에 가라. 가서 예수님하고 행복하게 잘 살아. 새끼 좋겠다. 하하하...

이때 노신사가 등장한다.

노신사 (알콜을 딱 바라보며) 천국아, 천국아!
알콜 (바라보고 깜짝 놀란다)...
노신사 우리 천국이, 오늘도 취했나보구나.
알콜 (얼른 무릎을 꿇는다) 원장님, 잘못했어요.

제가 잘못했어요. 용서해주세요.

노신사 (재훈에게) 죄송합니다. 정말 죄송합니다. 이 녀석을 대신해서 제가 진심으로 사과드립니다. 용서하세요.

김재훈 도대체 어떻게 된 일이에요?

노신사 제가 고아원 원장입니다. 핏덩이인 저 녀석을 누군가가 고아원 앞에 버리고 간 것을 제가 데려다가 내 자식처럼 키웠어요. 정말 제 자식처럼 키웠어요. 이 험악한 세상에서 천국에서처럼 걱정 없이 살으라고 이름도 천국이라고 짓고 어릴 때부터 예수님을 구주로 믿게 했어요. 그래서 예수 잘 믿고 공부도 잘하며 예쁘게 성장했어요. 그런데 청년이 되어 교회에서 만나 여자와 교제를 하게 되었는데, 이 여자가 가짜로 예수 믿는 여자였어요. 그래서 천국이가 애써 모아놓은 돈을 몽땅 사기 쳐서 도망친 거예요. 그 뒤부터 그 여자 찾아다니면서 술 마시고 싸우고 하다가 저지경이 된 거예요. 하지만 우리 천국이 반드시 회개하고 다시 예수님 품으로 돌아올 거예요. 저는 확신해요.
알콜 (소리지른다) 그만! 그만하세요. 제발 그만하세요!

알콜, 벌떡 일어서서 후다닥 뛰어가다가 퇴장한다.
노신사, 김재훈과 권은혜에 다시 정중히 사과한다.

노신사 다시 한 번 진심으로 용서를 빕니다. 모두 제가 잘못 관리한 때문이니 저를 보고 모두 용서해 주세요. 그럼 수고 많이 하시고 복 많이 받으세요.

노신사, 다시 허리를 굽혀 인사하고는 가다가 퇴장한다.
김재훈, 권은혜, 망연한 모습으로 바라보고 있

다.
이때 탤런트처럼 예쁜 30대 후반 여자가 등장한다.

권은혜 예수 믿으세요.
탤런트 우리 집은 조상 대대로 유교 믿는 집안이에요.
권은혜 팔자가 좋으시겠네요.
탤런트 (딱 멈추고 보며) 팔자가 좋은지 나쁜지 어떻게 아세요?
권은혜 조상 대대로 유교를 믿었다면 양반 댁이잖아요. 그러니까 팔자가 좋죠.
탤런트 아닌데! 난 팔자가 아주 사나워요.
권은혜 팔자가 사납다니요. 그건 또 무슨 말씀이세요?
탤런트 제가 있잖아요. 실은 제 남편이 바람이 났어요.
권은혜 남편이 바람이 나다니요? 그래서요?
탤런트 그래서 친정어머니와 시어머니를 찾아가서

도움을 청했어요. 그랬더니 그분들이 글쎄...

권은혜 그분들이 뭐랬는데요?

탤런트 글쎄 그분들이... 그분들이 의논이나 한 듯이 내 팔자가 본부인 팔자라서 첩이 생긴 것이니까 그냥 꾹 참고 살래요. 그게 말이 돼요. 너무 분하고 억울해서 확 이혼을 하고 싶은데 새끼들이 불쌍해서 차마 그러지도 못하고... 어찌해야 좋을지 몰라 요즘 갈팡질팡이에요.

권은혜 그러시면 예수님을 구주로 믿으세요.

탤런트 예수 믿으면 팔자를 확 고치는 수가 있기라도 해요?

권은혜 그럼요. 그러니까 예수 믿으라는 거잖아요.

탤런트 (확 관심을 가지며) 진짜에요? 진짜 나쁜 팔자를 확 고칠 수가 있어요?

권은혜 진짜, 진짜 고칠 수가 있어요. 그러니까 그냥 믿으세요.

탤런트 어떻게요? 어떻게 팔자를 확 고치는데요?

권은혜 (잠시 생각하다가) 성경에 보면요. 잔치 집에 포도주가 떨어져요. 그러니까 예수님 모친인 마리아가 예수님께 포도주가 떨어져간다고 말해요. 예수님은 잠시 생각하시다가 빈 항아리에 물을 채우라고 해요. 그러자 하인들이 물을 떠다가 항아리 아구까지 꽉 채워요. 그러자 정말 거짓말같이 물이 포도주로 변해버려요. 물이 포도주로 확 바뀌는 기적이 일어난 거예요. 완전히 다르게 확 바꾸어진 거잖아요. 팔자도 그래요. 예수님을 믿으면 확 바꾸어져요.

탤런트 첩이 떨어질 수만 있다면 난 예수 아니라 예수 할아버지라도 믿을 수 있어요.

권은혜 예수님은 만물을 창조하시고 다스리시는 하나님의 외아들입니다. 항아리 아구까지 물을 채우자 기적이 일어난 것처럼 예수님을 백 프로 구세주로 믿어야만 팔자를 확 고칠 수가 있습니다.

탤런트 진짜죠? 진짜 팔자를 고칠 수가 있는 거죠?

권은혜 예! 진짜진짜 팔자를 확 고칠 수 있어요. 우리 교회에 팔자 고친 사람이 많아요. 애기를 못 낳는 팔자가 예수님을 믿고 떡두꺼비 같은 아들을 둘씩이나 낳았고요.

탤런트 어머, 어머! 정말 그런 일이 있었어요?

권은혜 (끄덕이며) 그럼요! 시집을 못 간다는 팔자가 예수님을 믿고 시집을 갔고요. 그 뿐만 아니에요. 술장사를 해야 되는 팔자가 예수님을 믿고 팔자를 고쳐서 군수님 사모님이 되신 분도 있고요. 공부할 운이 없는 팔자라 수능을 칠 때마다 성적이 떨어지던 수험생이 예수님을 믿고 팔자를 고쳐 좋은 성적을 받아 서울대학에 들어가기도 했고요.

탤런트 어머! 어머! 정말 그런 일이 있었군요. 그렇다면 저도 예수님을 백 프로 믿으면 팔자를 확 고칠 수가 있겠네요.

권은혜 당근이죠. 팔자가 고쳐지는 순간 남편에게 붙어있던 첩이 뚝 떨어져서 다른데 시집을 가는 것을 아주머니의 그 두 눈으로 똑똑히 보시게 될 거예요.

탤런트 어머, 어머, 그랬으면 얼마나 좋을까? 저도 예수 믿을래요. 오늘부터 무조건 예수님을 구세주로 백 프로 확 믿을래요.

권은혜 그래요. 그럼 오늘 등록하고 가세요. 이쪽으로 오세요.

탤런트 예, 예... (탁자 앞으로 가서 등록한다)

이때 행인29(남자) 등장한다.

김재훈 예수 믿으세요.

행인29 난 예수를 믿느니 차라리 소 뒷다리를 믿겠소.

김재훈 왜 소 뒷다리를 믿어요?

행인29 소 뒷다리는 맛이 있으니까, 하하...

행인28, 야유하듯 웃으며 퇴장한다.
행인29(여자), 등장한다.

김재훈 커피 한 잔 드시고 가세요.
행인29 커피 마시느니 차라리 냉수 마시겠어요.
김재훈 왜 냉수를 마셔요?
행인29 냉수 마시고 정신 차려야 당신 말에 안 넘어갈 것 아녜요.
김재훈 예수님은 댁을 많이 사랑하고 있어요.
행인29 난 사랑이 지긋지긋해요! 예수 사랑이 좋으면 당신이나 잘 믿으세요. 아이 재수 없어! 아이 지긋지긋해!

행인29, 침을 뱉으며 퇴장한다.
김재훈, 얻어맞은 표정으로 바라본다.
이때, 한명길 집사가 병상 침대를 밀고 등장한다.
병상 침대에는 꼬부랑 할머니가 누워있다.

한명길 (인사한다) 수고가 많으십니다. 저는 신광교회 한 명길 집삽니다.

김재훈 (의아한 빛으로) 어떻게 오셨어요?

한명길 우리 어머니가 돌아가시기 전에 여러분들을 꼭 뵙고 싶다고 해서 이렇게 모시고 왔습니다.

김재훈 (침대에 누운 할머니를 보고 반가워서) 할머니...할머니..

권은혜, 바라보고 있다.
김재훈, 가만히 다가가서 고부랑 할머의 손을 다정하게 꼭 잡는다.
꼬부랑, 김재훈을 즐거이 바라본다.
한명길, 권은혜, 탤런트가 바라보고 있다.

꼬부랑 (김재훈의 손을 만지며) 젊은이, 그동안 젊은이를 속여서 정말 미안해.

김재훈 속였다뇨? 뭘 속였다는 겁니까?

꼬부랑 난 사실 가는귀가 먹지 않았었어. 내 귀는 아주 잘 들리는 귀야.

김재훈 예?

꼬부랑 미안해. 정말 미안해. 사실은 내가 한평생 부처님을 섬기면서 살아왔었어, 그랬는데 어느 날 아들 녀석이 갑자기 예수를 믿게 되었다면서 나보고도 예수를 믿으라지 뭐야.. 난 기가 막혔어. 한평생 부처님께 빌며 살았는데 갑자기 예수를 믿으라고 하니 기가 막힐 만도 하잖아. 난 기막히고 코 막혀서 어쩔 바를 몰라 했다. 아들 뜻을 거역할 수도 없고... 그래서 고민하다가 갑자기 가는귀먹은 것처럼 행동했어. 아들이 말할 때마다 딴소리를 하며 잘 안 들린다고 했어. 그랬더니 아들도 지쳤는지 나를 설득할 생각을 그만두더라고...

김재훈 그런 기막힌 사연이 있었군요.

꼬부랑 그래도 아들이 믿는다는 예수님이 어떤 분인지 많이 궁금하더라고... 그래서 이곳을 지날 때마다 젊은이한테 말을 걸었었지.

그때마다 젊은이는 목청이 터져라 큰소리로 예수님이 누구인지 왜 예수를 믿어야 되는지를 말해줬어, 고마웠어.

김재훈 고맙기는요. 저는 당연히 할 일을 했을 뿐입니다.

꼬부랑 나한테 스무 번도 더 말해준 것 같아. 그래서 에, 자, 왕, 축을 이제 나도 잘 알고 있지. (생각에 잠기며) 교회에는 나가지 않았지만 난 날마다 예수님을 생각하며 기도했다.

- 예수님, 저도 예수님을 구세주로 믿어요. 그러니까 내 죄를 모두 용서해 주시고 저를 천국으로 데려가주세요. -

그렇게 많이 많이 기도했다.

김재훈 그러셨군요. 그러니까 예수님이 할머니의 기도를 들어주시던가요.

꼬부랑 (고개를 끄덕이며) 들어주셨어. 어젯밤에는 꿈속에서 예수님을 만났다. 예수님이 십자가를 지시고 피를 흘리며 나한테 와서 내 손을 다정히 잡아주며 말씀하셨다.

- 아이야, 네가 너를 사랑한다. 아이야 착한 내 아이야, 너를 사랑한다. 아이야, 네 집도 예쁘게 지어놓았다. 저기 보이지. 저 집이 네 집이다. 아이야, 사랑하는 착한 내 아이야... 나를 아이라고 부르셨다.

김재훈 (감격하여) 할렐루야! 할렐루야!

꼬부랑 젊은이, 난 이제 하늘나라로 갈 때가 다 됐다. 그래서 젊은이가 너무 고마워서 예수님을 만나게 해준 젊은이가 너무 고마워서 인사하고 가려고 내 아들한테 채근해서 여기로 왔다... 여기에 오면 젊은이를 꼭 만날 수 있을 것 같았다. (손에 힘을 주며) 젊은이 고마웠어. 너무 고마웠어, 난 젊은이 덕택으로 천국에 가게 됐다고... 고마워... 예수님이 어서 오라며 나한테 손짓하고 있네... 내 집이 보인다. 마당엔 사자와 토끼가 장난을 치고 있네... 화단에는 아름다운 꽃들이 만발해 있네... 빨리 가야겠다. 찬송가 하나 불러줘...

권은혜, 김재훈, 한명길이 함께 <하늘가는 밝은 길이> 찬송을 합창한다.
탤런트, 감동한 모습으로 바라보고 있다.
꼬부랑, 찬송가를 들으며 미소를 짓는다. 그리고 아주 평안한 모습으로 고요히 아주 고요히 숨을 거둔다.

한명길 (무너지듯 어머니의 손을 잡으며 통곡한다) 어머니! 어머니, 으흑...
권은혜 김재훈 할머니..할머니..

무대의 조명이 천천히 암전한다.
한 명길의 울음소리가 더 크게 들린다.
이윽고 무대가 완전히 암전한다.

에필로그

암전된 무대가 명전된다.
김재훈, 권은혜 나란히 서서 언제나 처럼 그 거리에서 전도하고 있다.

두 사람 예수 믿으세요. 예수 믿으세요. 예수님은 당신을 많이 사랑하고 있습니다.

행인1, 2, 3이 등장한다.

행인1 (경상도) 보소, 눈에도 안 보이는 예수가 우떻게 사랑을 한다는 기요?

김재훈 사장님이 예수님을 믿으면 예수님은 사장님의 죄를 모두 용서해 주시고 죽으면 천국으로 인도하여 영원히 행복하게 살게 해 주십니다.

행인2 (전라도) 요즘은 지옥도 만원이라는디 천국을 워떻게 들어간디요?

권은혜 지옥은 만원인지 몰라도 천국은 텅텅 비어 있대요.

행인3 (충청도) 천국이 텅텅 비어 있으면 뭐하남유. 개뿔도 갈 사람이 없는디유.

김재훈 예수님를 구주로 믿으시면 되잖아요.

행인2 워쩔까나. 예수를 구주로 믿으라는 말이 개짓는 소리로 들리느니 워쩔까나.

권은혜 개짓듯이 믿으면 되겠네요.

행인3 (개짓는 흉내) 멍멍멍...

행이1,2 (우스운 듯) 하하하....

김재훈, 권은혜도 어이없어서 웃는다.
무대가 천천히 암전한다.

끝

저자(최승환)의 베스트 전도책 10선

예수님께서는 -내가 전도를 위하여 왔다-고 하셨습니다. 그래서 왕이신 예수님께 인정받고 사랑받는 길은 오직 전도입니다.

 그런데, 그래서 전도를 하고 싶은데 전도를 어떻게 해야 될지 몰라서 못하는 사람들이 많습니다.

 저자는 그런 분들을 위해 10권의 전도책을 썼습니다. 먼저 책을 한 권 한 권 읽어보신 후 책의 내용을 잘 파악해 놓은 뒤 가장 자신 있는 책을 선택하여 -내가 읽어보니 참 좋은 책이더라, 읽어보라 하고 선물을 합니다. 그러면 상대가 나를 책을 읽은 아주 지적인·인격자로 봅니다. 그리고 책을 읽고 와서 이런 저런 소감을 이야기합니다. 그때 설명도 해주며 자연스레 만물의 주인인 하나님과 그 외아들 예수님과 성령 하나님을 자연스레 얘기해서 구주를 영접하게 하면 됩니다.

전도대상자가 책을 읽고 와서 질문을 할 때 우물쭈물하면 전도할 기회를 놓칠 수 있으므로 책의 내용을 확실히 숙지하고 있어야 됨을 결코 잊어서는 안 됩니다.

전도를 많이 하셔서 주님께 인정도 받고 사랑도 받고 복도 넉넉히 받아 이 세상에서도 행복하게 살고 천국에 가서 해같이 빛나는 귀한 존재가 되기를 소원합니다.

최 승환 지음 정가 8,800원

　<전도를 잘하면 무병장수하고 부귀영화를 얻는다> 이 책은 제목 그대로 무병장수하고 부귀영화를 얻어 행복을 잘 누리며 사는 길을 알려주고 있

는 책입니다.

　모두 잘 알고 있겠지만 예수님을 하나님의 독생자로, 구세주로 믿고 영접하여 죄를 회개하게 되면 그 즉시 만물의 주인인 하나님의 아들(양자)과 딸(양녀)이 되고, 죽어서는(주님이 이 땅에 재림하여 심판이 있은 후 이 땅이 낙원이 되는 그날까지) 천국에서 영원히 행복하게 살게 되는 것입니다.

　하지만, 구원은 그렇게 받을 수가 있지만 이 땅에 사는 동안 복은 복 받을 짓(행위)을 해야만 복을 받게 됩니다.

　이 책은 저자(최승환)가 예수님을 구주로 믿고 교회에 다니면서도 불행하게 살고 있는 성도들을 바라보며 안타까워하다가 기도하고 또 기도하여 마침내 응답을 받아 쓴 책입니다.

　<전도를 잘하면 무병장수하고 부귀영화를 얻는다> 이 책 속에는 이 땅에서도 행복을 누리며 살 수 있는 비밀이 가득히 들어 있습니다

　1991년 9월에 대전한빛감리교회 최재현 목사님

은 이 책을 300권 구입하여 전도자들에게 나누어 주며 전도교과서로 사용하게 한 뒤 많은 교회에서 200권, 100권, 50권식 구입하여 전도자들에게 나누어 주었습니다.

교보문고와 출판사(왕사랑) 독점판매
책주문(왕사랑) H.P: 010-4207-3704

최 승환 지음   정가 2,200원

<나도 세상 지낼 때 햇빛되게 하소서> 이 책은 KBS방송작가인 저자(최승환)가 예수님을 구주로 영접한 뒤 구원과 축복을 받고나서 옛날의 자기처

럼 불행하게 살고 있는 불신자를 예수 믿게 해서 행복하게 만들어가는 내용을 간추려 쓴 것인데, 작가가 쓴 책이라 재미도 있고 감칠맛도 있고, 뜨거운 감동까지 안겨줍니다.

이 책은 많은 사람을 전도하고자 하는 목적으로 썼기 때문에, 전도를 잘못하는 사람도 이 책을 자기가 먼저 읽어본 뒤, 전도하고자 하는 불신자에게 가벼운 선물로 주어서 읽게 하기만 하면 됩니다. 읽기만 하면 예수님을 책으로 만나게 되고 예수님을 믿어야 살겠다는 믿음이 생기게 됩니다.

- 전도를 김치라고 한다면-

배추로 김치를 담글 때 먼저 소금으로 배추를 저리지 않고는 배추를 김치로 만들 수가 없습니다. 마찬가지로 불신자를 구원(전도)할 때 먼저 믿음으로 저리지 않고는 불신사가 설대로 예수님을 구주로 영접하지 않습니다.

<나도 세상 지낼 때 햇빛되게 하소서> 이 책은 믿음의 소금과 같은 역할을 합니다. 예수님을 믿고 교회에 다니게 되면, 영생을 하겠다. 병이 고쳐

지겠다. 나쁜 팔자가 고쳐지겠다. 잘 살아지겠다. 사업이 잘 되겠다. 공부를 잘 할 수 있겠다. 결혼을 할 수 있겠다. 여러 분야 가운데 그 어느 하나라도 <되겠다>하는 믿음으로 잡아야만 됩니다. 예수님을 구주로 믿으면 <되겠다> 하는 믿음이 생겨야만 예수님을 믿게(전도) 됩니다. <나도 세상지낼 때 햇빛되게 하소서> 이 작은 책은 그런 소금 같은 역할을 합니다.

저자(최승환)가 초교파적으로 전국 교회에 다니며 **(일일행복한전도(간증)집회)나 (행복전도(간증)세미나(부흥회)**를 다니며 이 책을 많이 공급했습니다. 특히 부평순복음교회 장희열 목사님은 이 책을 3,000권 구입하여 전도에 사용하였고, 광주서남교회 조택현 목사님은 1,000권을 구입하여 전도에 사용하였습니다. 그 외에 800권, 700권, 600권, 500권, 400권, 300권, 200권씩 구입하여 전도에 사용한 교회는 수 없이 많고, 작은 교회에서도 200권, 100권씩 구입하여 전도에 사용하였습니다.

<나도 세상 지낼 때 햇빛되게 하소서> 이 책은

믿음을 상실한 기존교인에게도 큰 도움을 주는 책입니다. 이 책을 읽는 동안에 전도하는 방법(기도)도 배우고 그렇게 하면 (되겠다)하는 잃어버렸던 믿음도 찾게 되어 새로운 은혜와 축복을 받고 전도와 봉사를 열심히 잘하게 됩니다.

※ 전도지로 전도하면 전도지를 받아가다가 길에다 버리고 가지만 이 책은 작아도 책이기 때문에 집에까지 가져가게 되며, 그러면 가족 중 누군가는 읽게 되어 전도가 됩니다. 커피 몇 잔 아끼면 이웃집에 책을 다 돌릴 수 있습니다.

※ 교회에서 성도들에게 무조건 전도하라고 내몰지 말고 이 작은 책이라도 하나씩 선물해서 읽어본 뒤 전도하라고 하면, 책을 읽으면서 예수님을 새롭게 만나게 되고 전도에 자신감도 생겨나서 스스로 전도하게 되는 그런 내용의 책입니다.

마지막으로, 이 책은 비싼 책이 아닙니다. 그런 만큼 몇 권 구입해서 전도해 보고 전도가 되면 많이 구입해서 전도용으로 쓰면 됩니다. 전도용으로 쓸 때는 반드시 책 뒷면에 교회 전화번호를 기록해주면 좋습니다. 그러면 불신자가 책을 읽고 스스로 교회에 찾아오기도 합니다.

교보문고와 출판사(왕사랑) 독점판매
책주문(왕사랑) H.P: 010-4207-7304

최 승환 지음 성가 9,800원

<예수믿고 팔자고친 사람들> 이 책은 한 마디로 말하면 예수님을 구주로 믿고 팔자를 확 고친 간증기입니다. 팔자란 사주를 두고 하는 말입니다.

사주란 사람의 타고난 운명, 즉 사람은 태어날 때 이미 그 일생이 불변하도록 되어 있다는 것입니다. 쉽게 말하면 왕이 될 팔자는 왕이 되어 부귀영화를 누리고 종이 될 팔자는 종이 되어 평생 종노릇하며 살다가 죽는다는 것입니다.

그런데 불신자(유교, 불교, 기타)들은 결혼할 때 반드시 이 사주를 봐야 한다는 것입니다. 이유는 남자의 사주가 여자에게 가면 여자 집에서 여자 사주와 맞춰보고 서로가 딱 맞고(궁합이 맞다고 함) 좋아야 비로소 결혼이 성사되기 때문입니다.

그런데 사주쟁이 (사주를 봐 주는 사람)를 만나 물어보면 사람의 사주(팔자)라는 것이 99%로는 나쁜 사주고 아주 좋은 팔자(사주)는 1%로도 채 안 된다는 것입니다. 더 큰 문제는 사주쟁이도 사주만 봐 줄 뿐이지 나쁜 사주를 고치지는 못한다는 것입니다. 그래서 좋은 팔자는 늘 웃고 살지만 나쁜 팔자는 평생 그 나쁜 팔자타령을 하며 살아야 된다는 것입니다.

그런데 이 나쁜 팔자를 고치는 방법이 있는 것

입니다. 그것은 바로 예수님을 구주로 믿는 것입니다. 그러면 만물을 창조하신 창조주께서 나쁜 팔자를 좋은 팔자로 확 고쳐준다는 것입니다.

-!!진짜 나쁜 팔자를 고친 일이 있습니까?-

이렇게 반문하는 사람들을 위해서 <예수믿고 팔자고친 사람들>이 발표된 것입니다. <예수믿고 팔자고친 사람들>이란 이 책에 팔자를 고친 팔자 나쁜 일곱 사람이 등장합니다.

첫 번째, 본부인팔자가 나옵니다. 본부인 팔자란 옛날로 말하면 왕후 될 팔자라 후궁들이 주르르... 한마디로 남편이 바람을 피운다는 것입니다. 이런 고약한 팔자인 여자가 예수님을 구주로 믿고 하나님의 은혜로 팔자를 확 고쳐서 행복하게 된 간증기입니다.

두 번째, 거지팔자가 나옵니다. 거지팔자인 남자가 예수님을 구주로 믿고 팔자를 확 고쳐서 그룹 회장이 된 간증기입니다.

세 번째, 장사(상인)할 팔자가 나옵니다. 상인될 팔자라 수능시험만 치면 나쁜 점수가 나옵니다.

그런 수험생이 예수님을 구주로 믿고 팔자를 확 고쳐서 수능에서 좋은 점수를 받고 서울대학에 들어간 간증기입니다.

네 번째, 애기 못 낳는 팔자가 나옵니다. 애기 못 낳는 팔자인 여자가 예수님을 구주로 믿고 팔자를 고쳐서 애기를 낳은 간증기입니다.

모두 일곱 분이 나오는데 나머지는 책을 읽어보시면 되겠습니다.

어쨌든 <예수믿고 팔자고친 사람들> 이 책은 주변에서 팔자가 사나워 힘들게 살고 있는 불신자에게 책을 선물하며

-한번 읽어 봐! 팔자를 확 고치는 책이야! 너도 이 책 한번 읽어보고 제발 팔자 확 고쳐서 떵떵거리며 살아봐-

그렇게 말하고 책을 선물한 뒤에 책을 꼭 한번 읽어보도록 독촉하세요, 그래서 책을 한번만 읽게 되면 <으응, 팔자를 고치는 수도 있구나.> 그런 표정을 짓고 예수님을 구주로 영접하게 됩니다.

이 책도 저자(최승환)가 전국에 **(일일행복한전도**

(간증)집회)나(행복한전도(간증)세미나(부흥회)를 다니며 많이 공급했습니다. 특히 **부평순복음교회 장희열** 목사님은 **1,000권**을 구입하여 전도에 사용하였고, 서울 **강남 화이트치과 강 재훈 집사님은 치과개업 후** 이 책을 **1,000권** 구입해서 병원에 오는 손님마다 한권씩 선물해서 큰 축복을 받았고, 그 외에도 500권, 300권, 200권, 100권, 50권, 20권, 10권씩 사서 전도한 장로와 권사 집사들이 수없이 많습니다.

전도는 복을 받는 일입니다. 전도에 신경을 쓰시고 크게 복을 받으시기 바랍니다.

교보문고와 출판사(왕사랑) 독점판매
책주문(왕사랑) H.P: 010-4207-3704

최 승환 지음 정가 10,800원

<새해 복 많이 받으세요> 이 책은 저자 <최승환>가 주님으로부터 이 제목으로 전도용 책을 쓰라는 응답을 받고 10년 동안 고민하며 기도한 뒤 마침

내 주님이 주신 지혜로 쓴 책입니다.

 이 책은 불신자 전도용으로 쓴 책인데, 불신자들이 거리감을 갖지 않게 하기 위해서 <행복소설집>이라고 하고 소설처럼 되어 있지만 실상은 간증을 소설화한 것입니다.

 <새해 복 많이 받으세요> 이 책에는 사랑하는 사람에게 새해에는 꼭 소원 성취하라는 취지의 편지를 했는데, 신통하게도 편지의 내용대로 모두 소원성취를 하게 되는 것입니다.(실상은 기도문인데 편지로 바꾼 것입니다)

 어쨌든 그런 감동적인 내용이 10편의 단편으로 하나하나 소개됩니다.

 첫 번째, <뻥튀기 협객>이란 단편에는 동생이 지방대학을 나와 취직을 못하고 백수로 살고 있는 형힌테 새해에는 꼭 직장의 복을 받아 취직하여 행복하게 잘 살기를 바란다는 내용의 편지를 합니다.

 그런데 동생의 간절한 바람대로 형이 정말 거짓말같이 취직을 하게 됩니다.

두 번째, <흑마를 탄 왕자>란 단편에는 제자가, 고등학교 은사인 여자선생님이 결혼을 못하고 노처녀로 늙어가는 것을 바라보며 안타까워하다가 새해에는 꼭 <흑마를 탄 왕자>를 만나 결혼해서 행복하게 잘 살기를 소원한다는 간절한 편지를 합니다.

그런데 여자선생님이 정말 거짓말같이 제자의 간절한 소원대로 (흑마를 탄 왕자) 같은 남자를 만나 결혼을 하게 됩니다.

세 번째, <괴짜 외삼촌>이란 이 단편에는 조카가, 원인이 불분명한 병에 걸려 죽어가고 있는 삼촌에게 새해에는 꼭 병을 고쳐서 행복해지기를 간절히 소원한다는 편지를 보냅니다.

그랬는데 어느 날, 예수를 믿고 큰 은혜를 받아 예수밖에 모르는 예수 진골의 괴짜 외삼촌이 찾아와서 예수를 믿으면 병이 고쳐지니까 예수를 믿으라고 합니다. 그러자 삼촌은 이판사판 공사판으로 예수를 구주로 믿게 되었는데 (괴짜 외삼촌)의 말대로 정말 거짓말같이 하나님의 크신 은혜로 병이 씻은 듯이 깨끗이 고쳐집니다.

이런 감동적인 단편이 열편 수록되어 있는데 나머지는 책을 구입해서 읽어보셨으면 합니다.

아무튼 <새해 복 많이 받으세요> 이 책은 복을 받으라고 하기 때문에 누구든지 선물을 받으면 좋아하는 책입니다. 그런데 10편 가운데 3편에 예수님이 일하시는 내용이 나옵니다. 그래서 불신자가 책을 재미있게 읽어 가다가 아주 자연스레 예수님을 만나게 되고
- 예수 믿으면 병도 고칠 수가 있구나, 예수 믿으면 복도 받을 수가 있구나. -

이런 믿음이 생겨서 예수를 믿게 되는 책입니다. 이 책도 믿음의 소금 역할을 합니다.

2002년에 이 책이 출판되었는데 저자(최승환)가 신구와 진지 30명한테 이 책을 선물로 보냈는데 그 가운데 3명이 예수님을 구주로 영접했다고 자랑했습니다.

<새해 복 많이 받으세요> 이 책은 불신자 가족, 친척, 친구, 친지에게 자연스레 전도용으로 선물하

기에는 너무 좋은 책입니다. 특히 전도하기 거북한 나보다 잘 사는 사람, 회사에서 나보다 계급이 높은 사람, 동네 유지들에게 선물로 전도하기에는 너무 좋은 책입니다. 그래서 많은 분들이 200부식 100부식 50부씩 10부씩 구입해서 전도로 사용하였습니다.
교보문고와 출판사(왕사랑) 독점판매
책주문(왕사랑) H.P: 010-4207-3704

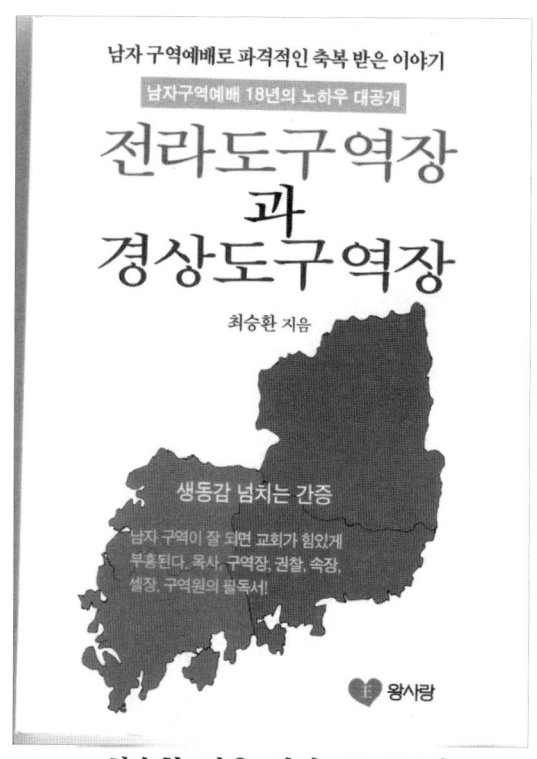

최승환 지음 정가 12,000원

<전라도구역장과 경상도구역장> 이 책은 저자(최승환)가 18년간 남자구역 구역장을 하며 성령님의 극진한 도우심으로 승리한 과정을 하나하나 소상

하게 기록한 책입니다.

특히 놀라운 것은 저자가 18년간 구역장을 하는 동안에 그 구역에서 안수집사 17명, 장로 4명, 목사가 4명이나 배출되었다는 것입니다.

교회마다 소그룹(구역, 셀, 속)을 운영하고 있는데, 이 책은 소그룹 구역장이나 권찰에게 크게 도움을 주는 책입니다.

잠실교회 원 광기 목사님은 이 책을 읽어본 뒤 감동을 받으시고 수요일에 책 560권과 함께 저자를 불러 구역성공간증을 하게 한 후 560권의 책은 구역장과 권찰들에게 각각 선물로 나누어 주었습니다.

그 후 저자(최승환)가 CBS 방송<새롭게 하소서>에 나가 40분간 구역성공간증을 하고 난 뒤에 꽃동산교회 김종준 목사님이 주관한 서대산(구역장 권찰 전도간증집회)에 특별 강사로 초대되어 나가게 되었는데 집회 참석한 많은 분들을 뜨겁게 감동시켰습니다. 그 바람에 저자가 많은 교회에 초청을 받아 소그룹 성공 간증을 하면서 교회마다 책도 300권, 200권, 100권, 50권씩 주문해서 소그룹 장들에게 선물하였습니다.

<전라도구역장과 경상도구역장>이 책은 18년간 성령님이 저자를 도구로 삼아 일하신 과정을 KBS 방송작가인 저자가 재미있게 쓴 까닭으로 읽는 사람은 누구든지 큰 감동과 은혜를 듬뿍 받게 됩니다.

이 책에는 정말 보물 같은 내용이 적나라하게 펼쳐집니다.

첫 번째, 저자가 기도해서 하나님께 받은 구역장 13계명이 나오는데 집사, 권사, 장로는 물론 목사님까지도 깜짝 놀라게 하는 내용이며 구역장에게 큰 도움을 줍니다.

두 번째, 부인을 따라 교회에 다니기는 하지만 술 먹고 담배피고 제멋대로 살아가는 불신자와 별반 다를 바 없는 이름만 요람에 기록되어 있는 구역원을 전도하는 심정으로 하나하나 찾아다니며 이끌어내어 구역에 나와 예배하게 하는 과정은 정말 감동적입니다. 특히 이들이 성장하여 집사가 되고 장로가 되고 목사가 되는 과정을 읽을 때는 모든 성도들에게 감동과 큰 도전을 줍니다.

세 번째, 구역원들의 신앙이 성장해가면서 그들의 직장과 사업장이 번창하게 되며, 재물도 많이 받아 윤택한 삶, 축복 받은 삶을 사는 것을 바라볼 때는 감동을 넘어 기적을 보는 듯한 전율을 느끼게도 합니다.

네 번째, 하나님의 명령에 불순종했을 때 하나님으로부터 가해지는 참담한 진노의 결과가 나타나는 것을 읽을 때는 스스로 회개하고 겸비하고 싶어지는 겸손의 파도가 찾아오게 됩니다.

마지막으로 구역원들이 한 분 한 분 축복을 받아 행복하게 살게 되는 모습을 바라볼 때는 소그룹 활동이 얼마나 큰 은혜를 받게 되는 과정인가를 그대로 느끼게 됩니다.

-혹시 소그룹이 잘 안 되고 있습니까?

이 책을 구입해서 소그룹 장들에게 꼭 읽게 해보세요. 그러면 소그룹 장들이 소그룹을 열정적으로 하는 것을 반드시 보게 될 것입니다. 그래서 잘 되는 소그룹은 더욱 잘 될 것이고 잘 안 되는 소그룹도 잘 되는 것을 보게 될 것입니다.

-혹시 예수님을 구주로 믿고도 복을 못 받았습니까?-

이 책을 구입해서 한번 읽어 보세요. 그러면

-아하, 이렇게 하면 복을 받게 되는구나! 하는 탄성이 절로 나오게 되며, 마침내 복을 받는 길로 뛰어나가게 될 것입니다.

끝으로 이 책을 읽은 목사님마다 이 책은 성도들에게 보물 같은 책이라고 했습니다.

왜 보물 같은 책이라고 했는지는 읽어보면 자연히 알게 될 것입니다.

교보문고와 출판사(왕사랑) 독점판매
책주문(왕사랑) H.P: 010-4207-3704

최승환지음 정가 7,700원

<남북통일하려면 먼저 태극기를 바꿔라?> 이 책은 2001년에 출판되어 지금까지 꾸준히 전도용으로 팔리고 있습니다.

이 책은 최 승환 목사가 안수집사시절에 남북통일문제를 놓고 기도하는 중에 -남북통일을 하려면 먼저 태극기를 바꿔라-는 응답을 받고, 태극기가 만들어진 경위를 찾아 헤매다가 명색이 나라의 국기가 정말 우습지도 않게 만들어진 비밀을 발견하게 되었고, 태극은 기독교와 상반되는 것도 발견했습니다. 그래서 하나님이 태극기를 바꾸라는 뜻을 깨달아서 이 책을 썼습니다. 기독교 교계의 지도자들이 이 책을 읽고 문제삼아주기를 바라며 출판했는데, 교계 지도자들이 책을 못 읽었는지 아직까지 아무 반응이 없습니다. 이 책은 불교를 믿는 사람들에게는 전도특효약 같이 전도가 잘 되는 책이기도 합니다. 그래서 불교가 왕성한 지역에서 단체로 200부씩, 100부씩 구입해 가서 전도하는 책입니다.

교보문고와 출판사(왕사랑) 독점판매
책주문(왕사랑) H.P: 010-4207-3704

최승환 지음 정가 9,500원

<하나님을 움직인 목사님들> 이 책은 저자가 서울양문교회 안수집사시절 전국에 전도간증을 다닐 때, 어느 날 주님께서 -네가 부흥하는 교회를 잘

관찰하여 어떻게 교회가 부흥되고 있는지를 써라-는 응답을 받고 쓴 책입니다.

저자(최승환)는 KBS방송작가라서 관찰을 잘 합니다. 그래서 부흥하는 교회의 하나님을 움직인 목사님들을 관찰해서 27교회를 썼는데, 하나님을 움직인 이유를 부분적으로 썼지만 27교회를 다 읽어서 통합하면 아주 훌륭한 교회 부흥 계책이 나옵니다.

이 책은 한마디로 목회자가 하나님을 움직일 줄 알아야 교회가 부흥된다는 내용입니다. 교회부흥을 꿈꾸고 있는 목회자는 참고삼아 이 책을 한번 읽어보면 큰 도움이 될 것입니다.

교보문고와 출판사(왕사랑) 독점판매
책주문(왕사랑) H.P: 010-4207-3704

서공섭 지음 정가 9,900원

<백전백승> 이 책은 서울양문교회 담임목사였던 서 공섭 목사님이 집사시절에 천막교회를 하며 고생했던 과정과 하나님의 도우심으로 목사가 되고

교회도 크게 부흥시키는 과정을 그린 간증기입니다.

서 목사님이 하나님의 도우심으로 백전백승해가는 과정은 정말 흥미진진하고 감동적이며, 특히 100교회 개척을 목표로 삼고 35년 동안에 54개 지교회를 개척해 가는 과정은 정말 감동을 넘어 하나님이 살아서 일하심을 그대로 느끼게 합니다.

최 승환 작가가 감수한 까닭에 책이 재미있습니다. 목회자들은 참고로 한번 읽어볼 가치가 있는 책입니다.

교보문고와 출판사(왕사랑) 독점판매
책주문(왕사랑) H.P: 010-4207-3704

최승환 지음 정가 1,100원

<모세전도법과 뱀전도법> 이 책은 제목 그대로 전도법이 들어 있는 책입니다. 저자가 서울양문교회 안수집사시절에 전도를 하며 하나님께

-전도법을 좀 가르쳐 주소서-

하고 간절히 기도했는데 하나님이 정말 거짓말 같이 모세전도법과 뱀전도법을 가르쳐준 것이었습니다. 많은 분들이 이런 저런 방법으로 전도하고 있지만 분류해 보면 대게 모세전도법이 뱀전도법에 속해 있다는 것을 알게 됩니다. 그리고 이 책 속에는 저자가 모세전도법과 뱀전도법으로 전도해서 성공한 사례가 많이 들어있습니다. 전도를 많이 하고 복을 많이 받고 싶은 분은 전도교과서 같은 이 책을 꼭 한번 읽어볼 필요가 있습니다. 이 책도 전도를 열심히 하는 교회에서 300부, 200부, 100부, 50부씩 많이 구입해 가고 있습니다.

교보문고와 출판사(왕사랑) 독점판매
책주문(왕사랑) H.P: 010-4207-3704

최승환 지음 정가 13,000원

<나는 너에게 축복의 통로> 이 책은 제목 그대로 축복을 받는 통로로 안내하는 책입니다. 예수님을 구주로 영접하고 죄를 회개하면 죄에서 해방되고

하나님의 자녀가 되고 천국도 보장 받습니다. 하지만 이 세상을 행복하게 잘 살기 위해서는 재물의 복, 건강의 복, 자녀 복, 등 여러 복을 받아야 합니다. 그런데 예수님을 구주로 믿기만 해서는 이런 복을 못 받습니다. 이런 복을 받기 위해서는 복 받을 짓(행위)를 해야 됩니다. 그리고 받은 복을 죽을 때까지 안 까먹고 잘 누리고 살기 위해서는 조심해야 될 것이 많습니다. 이 책은 복을 받는 길과 복을 지키는 길이 잘 소개되어 있습니다. 그래서 불신자 전도용으로도 좋고, 기존성도의 믿음 충전용으로도 아주 좋은 책입니다.

하늘문교회 주영웅 목사님은 이 책이 출판되자마자 200부를 구입해갔고, 많은 교회에서 300부, 200부, 100부, 50부씩 구입해가서, 전도용으로, 믿음충전용으로 사용하였습니다.

교보문고와 출판사(왕사랑) 독점판매
책주문(왕사랑): H.P: 010-4207-3704

노방 사랑하는 날

초판인쇄 : 2014년 2월 20일
초판발행 : 2014년 3월 1일
지 은 이 : 최 승 환
펴 낸 이 : 권 경 옥
펴 낸 곳 : 왕 사 랑
주   소 : 경기도 시흥시 수인로 3335번길14-1(신천동)
전   화 : 031)313-8873 H·P : 010-4207-3704
홈페이지 : **www.wangsarang.net**
등   록 : 1991. 08. 21 제 13-307

※ 잘못 만들어진 책은 바꾸어 드립니다.
※ 저자와의 협약에 의하여 인지는 생략합니다.
※ 본사의 허락없이 무단 복제나 무단 전제를 했다가 발각되면 손해배상을 해야 되니 무단 사용은 금하시기 바랍니다.
※ 저자의 승낙 없이 본 작품을 무대에 올렸다가 발각되면 뜻밖의 많은 원작료를 지불해야 될 수도 있는 만큼 꼭 저자의 승낙을 받아 사용하시기 바랍니다.